Guido Ernst Hannig

Ja! Es gibt den Job, der wirklich zu mir passt!

Für Helga.

Für Corinna.

Guido Ernst Hannig

JA! ES GIBT DEN JOB DER WIRKLICH ZU MIR PASST!

Mit dem WLS-Sinn-Kompass zu Erfolg und Erfüllung im Beruf

SILBERSCHNUR VERLAG

FSC
www.fsc.org
MIX
Papier aus verantwortungsvollen Quellen
FSC® C014138

ISBN: 978-3-89845-473-5

1. Auflage 2015

Gestaltung & Satz: XPresentation, Güllesheim
Druck: Finidr, s.r.o. Cesky Tesin

Verlag »Die Silberschnur« GmbH
Steinstraße 1 · D-56593 Güllesheim
www.silberschnur.de · E-Mail: info@silberschnur.de

Inhalt

VORWORT

Viele Berufstätige fühlen sich ausgebrannt und sinnentleert. Ihnen ist längst klar, dass zur Lösung der beruflichen Krise eine neue Herausforderung gehört. Doch es fehlt eine zündende Idee und/oder das passende Konzept. Es wird zudem oft als belastend empfunden, dass sie schon über einen längeren Zeitraum nicht das tun, was wirklich in ihnen steckt.

Andere wiederum haben längst erkannt, dass zu einem geglückten Arbeitsleben gleichermaßen ein gutes Einkommen, Lebendigkeit und Sinnorientierung gehören. Sie haben ihre Berufung erkannt und glauben dennoch nicht, dass sie mit ihren Ideen und Leidenschaften den Durchbruch auf den Märkten schaffen können.

So besteht zwischen der Berufung und dem Beruf bei Millionen von Berufstätigen ein Zwiespalt, der allerdings mit dem gewohnten "Entweder-oder-Programm" nicht gelöst werden kann.

Aus diesem Grund setzt das Buch nicht bei der gängigen rein erfolgsorientierten Betrachtung der Berufsstrategie an. Mit dem ganzheitlichen Ansatz "Work-Life-Sense" (WLS) entwickelt der Leser zunächst ein Verständnis für das "Sowohl-als-auch" der wesentlichen Komponenten. Egal, ob er durch ein Outplacement den nächsten Karriereschritt anstrebt oder als Freiberufler eine neue Geschäftsidee für die Erweiterung des Betriebes sucht: Das Modell berücksichtigt, beginnend mit der Standortbestimmung bis zur werbewirksamen Platzierung auf dem Markt, die relevanten persönlichen und sachlichen Faktoren der Veränderung.

Im zweiten Teil des Buches wird der Leser auf der Basis von Work-Life-Sense das praktische Instrument des Sinn-Kompasses kennen- und nutzen lernen. Mit diesem kompakten Praxistool gehen die Leser die vier wichtigen Schritte zu der eigenen Berufung. Ein repräsentativer Outplacement-Praxisfall macht die Hintergründe jeder Übung deutlich.

Dieses Buch geht über einen normalen Praxisratgeber zur Visionssuche hinaus. Neben einem analytischen Blick auf die Perspektiven der Märkte, berücksichtigt das Buch im dritten Teil die Notwendigkeit einer magnetischen Konzeptarbeit. Essenziell für den Ansatz WLS ist die erfolgreiche Beziehung mit den neuen Marktpartnern. Das heißt, das neue Ziel muss auf mindestens ein Nutzenbedürfnis auf dem Markt treffen. Sonst bleibt eine Berufung eigentlich nur ein Hobby. Berufung hat aber immer auch einen Sinn für andere.

Das Buch richtet sich an ganzheitlich denkende Frauen und Männer; männliche Formulierungen dienen lediglich der Vereinfachung. Dieser Ratgeber soll insbesondere den Fach- und Führungskräften sowie Selbstständigen helfen, die sich in einer beruflichen Veränderungsphase befinden. Da es viele Übungen und Impulse enthält, ist es ideal für Berufstätige, die sich auf ein Outplacement oder eine Unternehmerberatung praktisch vorbereiten wollen.

WORK-LIFE-SENSE

»Der intuitive Geist ist ein heiliges Geschenk,
der rationale Geist ein treuer Diener.
Wir haben eine Gesellschaft erschaffen,
die den Diener ehrt und das Geschenk vergessen hat.«
(Albert Einstein)

Wer sich auf den Weg zur beruflichen Neuorientierung macht, verbindet das oft mit der Vorstellung einer abenteuerlichen Reise. Wir Outplacement- und Existenzgründungsberater schreiben Bücher, entwickeln Beratungskonzepte und fühlen uns manchmal wie Reiseführer. Anders als in den Reisebeschreibungen von Reiseautoren kennen wir in diesem Kursbuch allerdings weder das genaue Ziel des Teilnehmers, seine bisherigen Erfahrungen noch alle wichtigen Erwartungen an den gemeinsamen Weg. Aber alle Teilnehmer verbindet mit diesem Kurs die Hoffnung, einen Weg zu einem glücklicheren

Berufsleben finden zu können. Das ist das zentrale Anliegen dieses Ratgebers.

Deshalb ist es wie bei jeder professionellen Abenteuerreise notwendig, dass wir uns vor dem Start ausreichend viel Zeit zur Vorbereitung nehmen. Stellen wir uns also geistig vor, wir halten zu Beginn eine Lagebesprechung ab, denn von Ihrem Kursführer benötigen Sie wichtige Grundlageninformationen. Gleichzeitig ist es in solchen Lagebesprechungen üblich, dass Sie Ihre Erwartungen klären. Schließlich müssen Sie viele Stunden Ihrer Zeit investieren, bis Sie mit Hilfe des Kurses Ihren beruflichen Neustart mit Erfolg bewältigt haben. Selbst wenn Sie niemals einen Präsenzkurs buchen und somit keinen unmittelbaren Dialog mit mir führen werden, werde ich Ihnen in den einzelnen Etappen auf Augenhöhe begegnen. Meine eigenen Erfahrungen und die Erlebnisse des Teilnehmers in dem Praxisfall werden Ihnen helfen zu lernen, mit den Herausforderungen gut umzugehen.

Doch wie bei jeder Reise ist auch der Weg zu einer ganzheitlichen Neuorientierung an Maßstäbe geknüpft, die der Kursleiter formuliert hat. In dieser ersten Etappe des gemeinsamen Weges werde ich Ihnen die Prinzipien beziehungsweise Komponenten vorstellen, die für die weitere Kurssystematik grundlegend sind. Behauptungen und persönliche Meinungen lassen sich dabei nicht gänzlich vermeiden. So behaupte ich, dass der Weg zum beruflichen Glück nur über die Verwirklichung der eigenen Berufung führt. Work-Life-Sense ist ein Maßstab, der die eigene Berufung in den Mittelpunkt der Betrachtung stellt. Im ersten Schritt wird es somit für Sie darum gehen, ob Sie die drei Komponenten erkennen, akzeptieren und anwenden können. Wie bei jeder Beratung muss es für Sie am Startpunkt darum gehen, mit der Philosophie und der Vorgehensweise des Kursleiters einen Konsens herzustellen.

Weiterhin gehört zu jeder Lagebesprechung die kritische Bestandsaufnahme des Ist-Zustands. Selbst wenn die Sehnsucht nach dem beruflichen Glück sehr groß sein sollte, können persönliche

Gründe dafür sprechen, die Erkenntnisarbeit noch nicht zu starten. Doch selbst wenn Sie nur die kritischen Momente mit Hilfe der Standortbestimmung identifizieren, werden Sie sich besser auf die Gefahrenpunkte entlang unseres gemeinsamen Weges einstellen können.

Die drei Komponenten der Berufung

Für viele Menschen ist das Wort "Berufung" ein sehr mächtiges Wort. Sie denken dabei an hohe Ansprüche, die es für den Berufenen zu erfüllen gilt. Aber ist die Berufung tatsächlich nur den geistigen Größen wie Einstein oder Berufenen wie Buddha vergönnt? Ist der intuitive Geist nicht ein Geschenk, ein siebter Sinn, den man schon in Kindergärten und auf Sportplätzen beobachten kann? Es kann leider nur beim Glauben bleiben. Bekanntlich können wir einiges in diesem Bereich wissenschaftlich nicht exakt beweisen. Und so muss der Workshop mit einer meiner Überzeugungen starten:

Ihre Berufung ist Ihnen bereits geschenkt!

Hat der intuitive Geist mir eine Berufung geschenkt, hat er auch Ihnen eine geschenkt. Können Sie nachweisen, dass Sie keine Berufung geschenkt bekommen haben, hatte bisher auch kein anderer Mensch auf Erden eine Berufung. In Anbetracht der Fülle an Wunder, die Sie und ich kennen, dürfte meine Behauptung also richtig sein: Ihre Berufung ist Ihnen bereits geschenkt! Jeder Mensch hat eine geschenkte Berufung, die Sie sich nicht verdienen müssen. Im Übrigen muss sie nicht gefunden oder erschaffen werden. Sie war schon immer und wird bleiben. Wir können Sie nur erkennen, annehmen und fortan mit ihr glücklich sein.

Wenn wir im Leben mit Dingen, Menschen und Ereignissen in Berührung kommen, die unsere Seele zum Tanzen bringen, können wir gewiss sein: Unsere ureigene Berufung ist nicht weit.

Deshalb wird es im WLS-Sinn-Kompass darum gehen, ehrliche Emotionen zu erzeugen und einen Zugang zu Ihrer Freude zu gewinnen. Dann erst kann der rationale Geist, das für uns so sinnvolle Werkzeug, die anstehenden Aufgaben erledigen. Geist ist er auch, weil zu ihm unsere geistigen Fähigkeiten gehören. Dadurch erwachsen alle praktischen Fortschritte, die die beruflichen Funktionen und vorherigen Qualifikationen erst ermöglicht haben. Mit der Hilfe der geistigen Fähigkeiten hat der Mensch Fertigkeiten und Kenntnisse entwickelt, um lebenswichtige Aufgaben zu verrichten. Erst die bewusste Aufgabenteilung führte zur Geburtsstunde von Berufen. Der Beruf ist also der Diener der Berufung. Einen Beruf, einen akademischen Grad oder selbst einen Doktortitel erwirbt man, sofern die Fähigkeiten ausreichen und das Umfeld die Möglichkeiten dazu bietet. Was der rationale Geist in der Lage ist zu leisten, bestimmt die Qualität der beruflichen Qualifikation. Daran will auch der Glaube an die Berufung nichts ändern. Aber zivilisierte Gesellschaften haben zu lange die Wertigkeit des intuitiven und des rationalen Geistes verkehrt. Der Berufstätige hat vergessen, wozu er arbeitet und wer er in Wirklichkeit ist. Der Beruf als Teil der Wirtschaft wurde für jede Gesellschaftsform maßgebend. Egal, ob Sie in einem demokratisch geprägten westlichen Industriestaat oder in einer eher sozialistischen Staatswirtschaft aufgewachsen sind, ob Sie von streng religiösen oder eher von liberal denkenden Menschen erzogen wurden: Der rationale Geist gewann vielfach die Oberhand, und die Konsequenzen können wir in den gewaltigen beruflichen und persönlichen Krisen ablesen.

Doch wenn wir ein glückliches und ethisch verantwortliches berufliches Leben anstreben, müssen wir die Berufungsfrage zur Kardinalfrage machen. Und es sind drei Fragen:

Dient die Tätigkeit der Erfüllung deiner Bedürfnisse?
Entwickelst du durch deine Aufgaben Lebendigkeit?
Wirkt dein Tun für dich und andere sinnstiftend?

Wer alle drei Fragen konstant positiv beantworten kann, wird mit seinen beruflichen Aufgaben Glück finden und empfinden. Ein Berufstätiger, der auf diese Fragen stets mit Ja antworten kann, spürt Zufriedenheit.

Work-Life-Sense geht von drei Komponenten aus, die in den drei Ausgangsfragen angesprochen wurden. Eine Berufung ist wichtig, weil jeder Mensch nur glücklich sein kann, wenn er den intuitiven Geist und somit seine Berufung erkennt, umsetzt und lebt. Im Ansatz Work-Life-Sense, nachfolgend WLS, sind diese drei Komponenten vertreten:

W = Bedürfniserfüllung
L = Lebendigkeit
S = Sinn

Menschen werden zu Berufstätigen, weil sie ihre Bedürfnisse erfüllen wollen. Einkommen, Lebendigkeit und Sinn sind die Grundbedürfnisse im Ansatz von WLS. Schon immer strebten Menschen danach, die verschiedensten Bedürfnisse durch einen Beruf zu befriedigen. Schon in den frühen Phasen der Menschheit kümmerten sich Menschen um Fragen der Gesundheit und der Nahrung. Und auch die Frage nach dem Sinn wurde bereits vor vielen tausend Jahren gestellt. Man könnte fast den Eindruck haben, dass es in der Frühzeit gelungen ist, dem natürlichen "Sowohl-als-auch" besser zu entsprechen. Je moderner unsere Zivilisation wurde, desto wichtiger wurden die Komponenten "Work" und "Life". Der rationale Geist trennte die beiden Komponenten vom "Sense". Der menschliche Verstand hat zwar für die Berufs-, Gesundheits- und Freizeitbranche Bahnbrechendes geleistet. Der

Sinn wurde jedoch abgespalten und zu einer Sache der Religion beziehungsweise zur Dekoration unserer hohen Festtage. Der Sinn und die Berufung insgesamt haben die Arbeitswelt weitgehend verlassen. Wo er auftaucht, geben wir ihm verschreckt einen anderen Namen oder ordnen ihn verdeckt anderen Disziplinen zu. Das Heilende, der innere Reichtum, den uns der intuitive Geist im Berufsleben schenken kann, bleibt dadurch vielen verborgen. Bedauerlicherweise wurde die Frage nach der Berufung für viele Berufstätige zu esoterischem Geschwätz, doch die folgenden drei Komponenten bestimmen gleichberechtigt den ganzheitlichen beruflichen Veränderungsprozess:

W = Work = Bedürfniserfüllung

Work steht für Fülle, weil jeder Mensch eine einzigartige Vielfalt an Bedürfnissen hat. Somit arbeitet ein Mensch, weil er mit einem guten Einkommen seine Bedürfnisse erfüllen möchte.

L = Life = Lebendigkeit

Life steht für Lebendigkeit, weil jeder Mensch von Natur aus im Fluss sein möchte. Somit arbeitet ein Mensch, weil er mit seiner Schöpferkraft seine eigene Gesundheit und Vitalität am Leben hält.

S = Sense = Sinn

Sense steht für Sinnorientierung, weil jeder Mensch Zugang zu einer tieferen Energie hat. Somit arbeitet ein Mensch für und mit anderen Menschen, weil er dadurch Liebe und Freude erfahren möchte. Weil jeder Mensch ein Leben nach seiner eigenen Bestimmung und seinen eigenen Wertvorstellungen führen möchte.

Doch wer von uns kennt einen Menschen, der alle drei Komponenten gleichzeitig und dauerhaft leben kann? Mir persönlich ist noch keiner begegnet. Aber ein Ideal ist nicht sinnlos, sondern das Ideal gibt die Richtung vor und erinnert bei Abwesenheit an ein rechtzeitiges Gegensteuern. Natürlich bleibt auch mit einem

Bewusstsein für alle drei Komponenten das Berufsleben von Höhen und Tiefen geprägt. Das Gefühl von "Flow" ist immer an einen Zeitpunkt gebunden. Der Berufene erlebt Durststrecken und kann nicht ständig den erreichten Glückszustand halten.

Die notwendige Krise

Aber wie kommt es, dass das so wichtige Frühwarnsystem abhandengekommen ist? Denn nur eine kleine Minderheit scheint ein Bewusstsein für die eigene Berufung zu haben. Solange wir noch Kinder waren, hatten wir Zugang zu einer Magie, die vom intuitiven Geist inspiriert wurde. Die Welt der Geschenke und die damit verbundene Vorfreude spielte dabei eine große Rolle. In den Jahren der Jugend verlor sich die Erinnerung an den Auftrag des intuitiven Geistes.

Als ich in den 80er-Jahren meine kaufmännische Lehre und mein Studium der Betriebswirtschaft absolvierte, waren viele Geschenke aus meiner Kindheit in Vergessenheit geraten. Die kindliche Freude wich einem Nützlichkeits- und Prestigedenken. Meine Familie, das Schulsystem und die Gesellschaft formulierten Erwartungen, die ich rational für überzeugend hielt. Aus mir wurde ein Mann, der sich gewissenhaft konservativen Lebensvorstellungen zuwandte. Ich hatte jedenfalls einen gewaltigen Vorrat an Meinungen, die sich mit keiner eigenen Lebenserfahrung deckten. Der auf die Vernunft und Logik konzentrierte Twen verharrte im Entweder-oder-Programm. Zwar hatte ich schon während meiner Studien- und Ausbildungszeit ein gewisses Unbehagen gegenüber meinen beruflichen Zielen gespürt. Die Berufswahl war eher eine Antwort auf die sachlichen Perspektiven am Arbeitsmarkt gewesen. So legten psychologische Eignungstests den ökonomisch aussichtsreichsten aller möglichen Berufswege für mich offen. Mit meiner Begabung für Zahlen und meinem guten Struktur- und Planungsverständnis wurde aus mir ein Betriebswirt mit dem Schwerpunkt für Bilanzrecht und Personalwesen. Der Diener war längst der einzige Herr in meinem Haus.

Doch etwas fühlte sich irgendwann nicht mehr stimmig an. Hatte ich bis dahin die Seele verdrängt, kam es gerade nach dem erfolgreichen Studium zum inneren Debakel. Mit einem guten Examen in der Tasche entstand eine tiefe Traurigkeit, und ich fühlte mich krank. Für meine soziale Umgebung war es ein nicht nachvollziehbares Szenario. Als nach vielen Monaten meine Einkommenssituation bedrohliche Farben annahm, begann ich in das Erwerbsleben zurückzukehren. Dank der wieder entspannten finanziellen Lage konnte ich eine junge Heilpraktikerin in meiner Geburtsstadt Köln aufsuchen. Da ich schon nach kurzer Zeit ein Trainee-Angebot in Bad Homburg erhielt, mussten wir die Behandlung allerdings beenden. In unserem letzten Gespräch gab sie mir den Rat: "Vergessen Sie Ihre Berufung nicht!" Zu diesem Zeitpunkt verstand ich noch nicht, was sie damit meinte.

Auf meinem Weg durch die Welt der Finanzinstitute meldete sich der intuitive Geist nur noch sporadisch und eher mit leisen Tönen. Manchmal erinnerte ich mich an die Worte der Heilpraktikerin. So auch an einem Weihnachtsabend, als mir meine Frau das Buch von Shirley MacLaine schenkte: *Der Jakobsweg: Eine spirituelle Reise*. Es brauchte noch etwas Zeit. Aber dann brach ich auf, und die Pilgerschaft führte mich nicht nur in den Wallfahrtsort in Spanien. Später schrieb ich eine theologische Hausarbeit zum Thema dieses Buches und absolvierte Coaching- und Seelsorgeausbildungen. Immer begegnete mir das Thema Berufung – und es fesselte mich. In den Jahren der praktischen Arbeit mit Menschen in Umbruchsituationen wurde mir klar, dass die Krisen ein sinnvolles Element im Veränderungsprozess sind. In gewisser Weise ist der Sinn erst durch seine Abwesenheit erfahrbar. Dann erst kann die Umkehr zu einer zentralen Chance werden. Durch die Vielzahl von Gesprächen mit qualifizierten und talentierten Berufstätigen wurde mir bewusst: Glück und Erfolg sind davon abhängig, ob wir die berufliche Neuorientierung in Krisen ganzheitlich bewältigen.

Ganzheitlich heißt für mich, dass wir sowohl den intuitiven Geist als auch den rationalen Geist dankbar würdigen.

Irgendwann erkannte ich, dass es meine eigene Berufung ist, Menschen dabei zu helfen, ihre Brücke zwischen der Berufs- und Berufungswelt zu bauen. Für mich wurde deutlich, dass die Brücke zwischen der Berufung und dem Beruf der Sinnfaktor ist. Die Symbolik der Brücke verwende ich deshalb, weil Menschen zu Lebensumständen berufen sein können, die sich nicht oder nur teilweise durch eine berufliche Aufgabe verwirklichen lassen. Zu den Lebensumständen können die Gründung einer Familie, die Liebe zu einem Freizeitsport oder der Dienst in einem Verein werden.

Sie haben erkannt, dass dieser Kurs für ein "Sowohl-als-auch", für ein gleichzeitiges Miteinander und Nebeneinander steht. Manche Menschen nennen diesen Ansatz paradox oder nicht logisch. Ich habe die Erfahrung gemacht, dass Lösungen häufig eher durch ein Aushalten von Gegensätzen entstehen als durch vorschnelle Entweder-oder-Strategien. Meine Arbeit führte zu einem Konsens. Dieser Konsens betrifft zum einen die personalwirtschaftlichen bis psychologischen Ansätze der Arbeitswelt und zum anderen die spirituellen bis religiösen Ansätze der menschlichen Weisheitslehren. Meist stark voneinander getrennt, setzen sich die verschiedenen Disziplinen mit der Berufungsfrage auseinander. Der Ansatz Work-Life-Sense hingegen will die natürliche Spannung zwischen den sachlich-funktionalen Faktoren und den humanen Aspekten des Berufslebens nutzen. Er folgt dem Glauben, dass erwerbswirtschaftliches Streben durch ganzheitliches Denken und Handeln beseelt werden kann.

Erinnern wir uns an die drei grundlegenden Fragen. In diesen drei Fragen sind drei Komponenten enthalten, die lange Zeit wie zerstrittene Geschwister lebten. Ich nehme das Beispiel der Geschwister deshalb, weil die drei Komponenten der Berufung in einer natürlichen Beziehung zueinander stehen und dennoch Konflikte austragen und voneinander abhängig sind. Erfahrungsgemäß konzentrieren wir uns im Berufsleben meist auf nur eine Komponente und vernachlässigen eine oder manchmal sogar zwei andere. Nehmen wir alle drei Komponenten in den Blick, halten wir allerdings die Eintrittskarte für ein glückliches berufliches Wirken in den Händen, selbst wenn damit eine lebensverwandelnde Krise verbunden sein kann.

Standortbestimmung

Bevor Sie eine Neuorientierung starten, also eine grundlegende berufliche Richtungsentscheidung treffen, wird eine Standortbestimmung hilfreich sein. "Bevor ich freiwillig meine Arbeitsstelle verlasse, möchte doch zunächst wissen, welchen Preis ich dafür zahlen muss", sagte einmal eine Senior-Referentin, die von ihrem Arbeitgeber ein Abfindungsangebot erhielt. Die persönliche Bestandsaufnahme stellt die Frage, ob der Workshop zur beruflichen Neuausrichtung und die Konzeption eines magnetischen Veränderungskonzepts bereits jetzt Sinn machen.

Werfen Sie allerdings zu Beginn ein waches Auge auf den Teil in Ihnen, der sich gegen die Veränderung sträubt. Das Leben ist ein einziger Veränderungsprozess. In der Geschichte der Menschheit haben sich Völker unentwegt auf den Weg gemacht. Sobald die eigene Heimat nicht mehr genug Nahrung für das weitere Leben versprach, musste sich das Volk entscheiden. Vorher brauchte es die Gewissheit, dass am bisherigen Ort auf lange Sicht Mangel herrschen würde. Das ist heute noch so: Europa wird an seinen Grenzen eingezäunt und schützt sich vor Zuwanderern aus anderen Kontinenten. Gut ausgebildete Facharbeiter aus südlichen EU-Mitgliedsstaaten ziehen mit ihren Familien in nördliche Industriestandorte. Die Treue zur Heimat und die Verbundenheit mit der Komfortzone erhalten im Falle von Nahrungsknappheit einen anderen Stellenwert. Die Globalisierung hat nichts anderes als eine moderne Völkerwanderung ausgelöst. Sie betont allerdings einseitig die Komponente Work in der Phase der Neuorientierung.

Menschen sind aber sowohl rationale als auch emotionale Wesen. So entschied sich einmal eine Kundin zur Auswanderung nach Südfrankreich. Sie kündigte ihre sehr lukrative Stelle in Deutschland, um das zu befreien, das ihrem Leben mehr Sinn versprach. Ihre Liebe zur Provence und der Traum einer Unternehmensgründung in unserem Nachbarland wurden so stark, dass sie sich auf den Weg machte. Menschen können also zu enormen Kraftanstrengungen bereit sein, wenn etwas in der Nahrungskette nicht mehr stimmt oder wenn ganz einfach eine neue Nahrung ruft. Work-Life-Sense geht von einem "Nahrungsbegriff" aus, der sowohl die Überlebens- als auch die Lebensemotionen mit einschließt. Der Mensch ist eine Körper-Seele-Geist-Einheit und setzt sich dann in Bewegung, wenn mindestens eine der Komponenten nach einer neuen oder anderen Nahrung ruft. Im ersten Schritt wird es darum gehen, ein Nahrungsdefizit zu ermitteln und persönlich zu bewerten. In diesem Kurs werde ich wiederholt betonen, dass in einem ganzheitlichen Veränderungsprozess alle drei Komponenten in den Blick genommen werden. Für das Überleben und für das Wohlgefühl benötigen wir Einkommen zur Bedürfniserfüllung und fördernde Umstände, die Gesundheit und Vitalität ermöglichen. Die Seele benötigt als Nahrung Sinn. Nur wenn wir es schaffen, allen Komponenten gerecht zu werden, eine Balance dieser Komponenten herzustellen, können wir von einem glücklichen und erfüllten Berufsleben sprechen.

Der Praxisfall

Um Ihnen diesen ausgewogenen Weg auch praktisch zu erläutern, schildere ich Ihnen einen Praxisfall. So werden Sie einen besseren Zugang zur Systematik und Vorgehensweise erhalten.

Einige Leser meiner Publikationen fragen mich manchmal, ob sie die vorgestellten Teilnehmer der Praxisfälle kontaktieren können. Sie erkennen Gemeinsamkeiten und würden sich gerne mit der Person in einem sozialen Netzwerk verbinden. Das ist naheliegend und ich verbinde gerne passende Kunden untereinander, das Einverständnis beider Personen vorausgesetzt. Im Falle von Carsten J. Graf, dem Beispielkunden in diesem Buch, ist das jedoch nicht möglich. Carsten ist eine Person, die sich aus Merkmalen von gleich vier real existierenden Kunden zusammensetzt. Das musste geschehen, um den Persönlichkeitsschutz zu wahren. Das mindert allerdings nicht die konkrete Erfahrung von Carsten, der den gesamten Prozess von mehreren Monaten durchlaufen hat. Es kann somit sein, dass sie ihm durchaus einmal in einer Veranstaltung meines Netzwerks Work-Life-Sense begegnen werden.

Carsten kontaktierte mich, als er von seinem Arbeitgeber eine Zusage für ein klassisches Outplacement erhalten hatte. Der 45 Jahre alte Diplom-Ingenieur und Familienvater war zum Zeitpunkt seiner Vereinbarung fast zwanzig Jahre im Unternehmen und hatte zuletzt eine Abteilung geleitet. Ihm waren die Überlegungen der Geschäftsleitung, die Abteilung ins Ausland zu verlagern, schon länger bekannt gewesen. Der Gedanke an einen Umzug nach Südfrankreich bereitete seiner Familie und ihm Kopfzerbrechen. Für seine Frau hätte ein Umzug das vorläufige Ende ihrer beruflichen Karriere bedeutet. So entschied er sich dafür, alles in seinem Leben einmal genau unter die Lupe zu nehmen. Seine ursprüngliche Berufswahl war nämlich eine einseitige und weitgehend von außen gesteuerte Entscheidung gewesen. Die Komponente Work, also die auf Einkommen, Leistung und Effektivität ausgerichteten Kräfte, wurden schon in Schulzeit und Studium vordergründig gepflegt. Es entsprach bis dahin auch seinem Rollenverständnis, dass er in erster Linie eine Berufs- und Studienwahl zu treffen hatte, die seinem Männerbild entsprach. "Für mich war es immer wichtig, dass ich mit meinem Beruf Geld verdienen kann. Ich wollte Familie, und mir war klar, dass meine Frau für die Erziehung der Kinder da ist."

Carsten war zu diesem Zeitpunkt sehr stolz auf das erreichte Arbeitsergebnis, und es war in der Übung der Standortbestimmung ablesbar. In den Aufbaujahren geht es für Männer im Wesentlichen um die wichtigen Marktkriterien, die Carsten exzellent beherrschte. Doch hatte er eine Komponente seiner Berufung besonders betont und ein eher unausgewogenes Selbstbild kultiviert.

Als seine Kinder erste eigene Wege gingen, entwickelte seine Frau eine eigene und neue berufliche Perspektive. Bisher war seine Frau der Mensch gewesen, der ihn bei seinem beruflichen Fortkommen den Rücken gestärkt hatte. Zusätzlich schützte sie ihn vor den Sorgen der Kinder und managte den Haushalt. In der Übung erreichte Carsten in den beiden anderen Komponenten daher sehr niedrige Punktzahlen.

Übung: Standortbestimmung

Jetzt ist es an der Zeit, Ihre Ist-Situation zu analysieren. Bevor Sie mit dem WLS-Sinn-Kompass beginnen, also mit den vier Schritten Ihre Berufung erkennen, sollten Sie über Ihren augenblicklichen Standort gut informiert sein.

Für Ihre Standortbestimmung finden Sie für jede der drei Komponenten sechs Fragen. Nehmen Sie sich für die insgesamt 18 Fragen bitte die erforderliche Ruhe und Zeit.

Betrachten Sie jede Frage sowohl aus dem Hier und Jetzt als auch im Hinblick auf Ihre jüngste Vergangenheit. Es geht bei diesen Fragen darum, ob eine Situation oder eine Aussage dauerhaft auf Sie zutrifft. Gleichzeitig spüren Sie, ob Sie damit ein positives oder ein negatives Gefühl verbinden.

Vielleicht wird Sie die eine oder andere Frage nachdenklich machen oder traurig stimmen. Vertrauen Sie darauf, dass Sie im WLS-Sinn-Kompass Impulse zur Veränderung erhalten werden.

Erst nachdem Sie die Gesamtpunktzahl für jede einzelne Komponente addiert haben, gehen Sie bitte zur Auswertung des Tests.

Beispiel:
Die erste Frage bei der Komponente W lautet:
"In meinem Beruf bringe ich sehr gute Leistungen."

1	2	3	4	5	6
☐	☐	☐	☐	☐	☐

1. "Diese Aussage trifft weder jetzt noch in der Vergangenheit auf mich zu. Wenn ich mir das selbst eingestehe, spüre ich Traurigkeit und/oder ein anderes unangenehmes Gefühl."

2. "Diese Aussage trifft selten und/oder nur in bestimmten Situationen zu. Doch wenn ich mir das eingestehe, spüre ich Traurigkeit und/oder ein anderes unangenehmes Gefühl."

3. "Diese Aussage trifft selten und/oder nur in bestimmten Situationen zu. Doch eigentlich lässt mich diese Aussage gefühlsmäßig eher kalt."

4. "Diese Aussage trifft hin und wieder auf mich zu. Doch im Großen und Ganzen ist diese Aussage für mich von geringer Relevanz."

5. "Diese Aussage trifft häufiger auf mich zu. Für mich ist das von Bedeutung und ich freue mich, wenn diese Situation eintritt."

6. "Diese Aussage trifft auf mich sehr häufig zu. Das ist für mich von besonderer Bedeutung. Damit sind für mich sehr angenehme Gefühle verbunden."

Fragen zur Komponente W

Beantworten Sie die Fragen mit einem Höchstmaß an Ehrlichkeit. Alle sechs Fragen erhalten von Ihnen einen Wert von 1 bis 6. Addieren Sie am Ende die Punktzahl für Ihre Komponente W.

Ist nicht gegeben/negative Gefühle	1
Ist selten gegeben/negative Gefühle	2
Ist selten gegeben/gleichgültige Gefühle	3
Ist gegeben/gleichgültige Gefühle	4
Ist häufiger gegeben/meist positive Gefühle	5
Ist sehr häufig gegeben/positive Gefühle	6

1. In meinem Beruf erbringe ich sehr gute Leistungen. 5
2. Mit meinem Beruf erziele ich ein sehr gutes Einkommen. 2
3. Meine beruflichen Angebote treffen auf eine rege Nachfrage. 5
4. Ich arbeite in einer krisensicheren Branche. 5
5. Mein aktueller Beruf genießt ein hohes Ansehen und Prestige. 4
6. In meinem Beruf kann ich meine Stärken einbringen. 5

Die Summe für die Komponente W: 26

Fragen zur Komponente L

Beantworten Sie die Fragen mit einem Höchstmaß an Ehrlichkeit. Alle sechs Fragen erhalten von Ihnen einen Wert von 1 bis 6. Addieren Sie am Ende die Punktzahl für Ihre Komponente L.

Ist nicht gegeben/negative Gefühle	1
Ist selten gegeben/negative Gefühle	2
Ist selten gegeben/gleichgültige Gefühle	3
Ist gegeben/gleichgültige Gefühle	4
Ist häufiger gegeben/meist positive Gefühle	5
Ist sehr häufig gegeben/positive Gefühle	6

1. Mein Beruf trägt dazu bei, dass ich mich fit und gesund fühle. 4
2. Neben meinen Tätigkeiten habe ich Raum für mich und meine Erholung. 5
3. Ich schenke meinem Körper Bewegung, Berührung und lebe meine Sexualität. 5
4. Für meine Gesundheit wähle ich frische und lebendige Nahrung. 5
5. Mein Beruf lässt mir den Raum für soziale Kontakte und Beziehungen. 5
6. In meiner Freizeit gehe ich meinen Hobbys nach. 5

Die Summe für die Komponente L: ☐

Fragen zur Komponente S

Beantworten Sie die Fragen mit einem Höchstmaß an Ehrlichkeit. Alle sechs Fragen erhalten von Ihnen einen Wert von 1 bis 6. Addieren Sie am Ende die Punktzahl für Ihre Komponente S.

Ist nicht gegeben/negative Gefühle	1
Ist selten gegeben/negative Gefühle	2
Ist selten gegeben/gleichgültige Gefühle	3
Ist gegeben/gleichgültige Gefühle	4
Ist häufiger gegeben/meist positive Gefühle	5
Ist sehr häufig gegeben/positive Gefühle	6

1. In meiner Arbeit fühle ich mich motiviert und engagiert.
2. Mein persönliches Wertesystem repräsentiere ich durch den Beruf.
3. Ich habe das Gefühl, dass mein Beruf zu meiner Persönlichkeit passt.
4. Eine meiner Leidenschaften wird durch meinen Beruf angesprochen.
5. Durch meinen Beruf spüre ich eine Verbindung zu meiner Seele.
6. Durch meine Arbeit erkenne ich mein schöpferisches Potenzial.

Die Summe für die Komponente S: [ ]

Auswertung

1. Schritt:

Addieren Sie die Punktzahlen Ihrer Aussagen zu den Komponenten W + L + S. Übertragen Sie die Punktzahlen in die folgende Tabelle und ermitteln Sie die Rangfolge, die angibt, welche Komponente bei Ihnen am ausgeprägtesten ist:

Komponente	Punktzahl	Rangfolge
W		
L		
S		

2. Schritt:

Sie haben bei Ihren Aussagen gespürt, dass alle drei Komponenten eine starke Verbindung zueinander haben. Eine gelebte Berufung ist nie von einer der drei Komponenten zu trennen. Wird eine vernachlässigt, wird früher oder später eine der anderen Komponenten folgen - und umgekehrt.

Was sagt die Punktzahl aus?

Eine Punktzahl über 30 macht deutlich, dass diese Komponente nicht nur in Ihrem praktischen Leben erfüllt ist. Sie spüren auch die Dankbarkeit und Freude über diese sehr wichtige Berufungskomponente.

Eine Punktzahl unter 20 macht deutlich, dass einige wichtige Aspekte in dieser Berufungskomponente nicht erfüllt sind. Wahrscheinlich sind unter diesen Aussagen auch wichtige Stresspunkte, denen Sie sich fortan stellen müssen.

Wie gehe ich mit niedrigen Punktzahlen um?

Die Übung zur Standortbestimmung macht schon deshalb Sinn, um nicht vorschnell über eine berufliche Neuorientierung nachzudenken. Möglicherweise werden Sie an dieser Stelle erkennen, dass eine Veränderung noch zu früh wäre. Das kann besonders dann der Fall sein, wenn Sie eine sehr geringe Punktzahl bei Ihren Aussagen zur Komponente "Life" ermittelt haben. Ein möglicher Grund dafür ist eine Erkrankung oder eine aktuelle psychische Belastung. In solchen Fällen gebe ich Interessenten die Empfehlung, begleitend ärztliche oder therapeutische Hilfe zu suchen. In jedem Fall ist es für den Kurs notwendig, dass Sie einen Zugang zu positiven Gefühlen entwickeln können. Bei einer schweren Erkrankung rate ich dazu, den Start in ein neues Berufsleben zu verschieben.

Auch im Falle einer sehr geringen Punktzahl in der Komponente "Work" ist Vorsicht geboten. Sprechen Sie zunächst mit einem fachkundigen Berater über Ihre wirtschaftliche und/oder berufliche Situation. Belastende Beziehungen am Arbeitsplatz können zum Beispiel dermaßen die Leistungsfähigkeit beeinflussen, dass in der Not schnell die Frage nach einem Berufswechsel gestellt wird.

3. Schritt:
In allen anderen Fällen sollte Ihre Standortbestimmung Sie ermutigt haben, in den Workshop einzusteigen.

Markieren Sie für jede Komponente die Aussage mit der geringsten Punktzahl. Sollten Sie in einer Komponente bei mehreren Aussagen die niedrigste Punktzahl vergeben haben, wählen Sie die Aussage aus, die Sie im Moment am stärksten belastet. Verfahren Sie genauso, wenn es Ihnen lediglich um eine Optimierung Ihrer beruflichen Situation geht. Dies wird dann der Fall sein, wenn Sie bei einer Komponente die Punktzahl 4 und mehr vergeben haben.

Sie haben nun drei Aussagen markiert. Hier sehen Sie entweder ein Problem, das Ihnen unter den Nägeln brennt, oder einen Optimierungspunkt. Bitte tragen Sie in die folgende Tabelle ein Stichwort zu der Aussage ein.

Beispiel:
Sie haben bei der Komponente S folgende Aussage als belastendes Problem oder Optimierungsthema markiert: "In meiner Arbeit fühle ich mich motiviert und engagiert." Ihnen wird es somit im Kurs in jedem Fall darum gehen, Ihre Motivation zu steigern. Ihr Stichwort kann lauten: "nicht (genügend) motiviert".

Probleme W	Probleme L	Probleme S

4. Schritt:
Ihr Veränderungsprozess ist eng mit Ihren drei Themen (Problem oder Optimierungspunkt) verbunden. Starten Sie deshalb mit dem entschiedenen Vorhaben, für jede der drei Komponenten einen bestärkenden Wunsch zu formulieren. In unserem Beispiel könnte der bestärkende Wunsch lauten: "Ich entwickle täglich mehr Motivation!"

Wünsche W	Wünsche L	Wünsche S

DER WLS-SINN-KOMPASS

»Ich kann kein Buch wie Shakespeare schreiben,
aber ich kann mein eigenes schreiben.«
(Sir Walter Raleigh)

Der WLS-Sinn-Kompass ist ein kompaktes Seminar- oder Workshop-Tool. Die Zahl 4 hat eine besondere Bedeutung. Neben den für Sie klärenden Schritten zu Ihrer Berufung, werden Sie sich am Ende einer jeden Übung durch die Zahl 4 auf die wichtigsten Erkenntnisse fokussieren. Dadurch werden Sie sich intensiv auf das für Sie Kraftvolle konzentrieren.

Die Methodik ist weniger ein rationales, sondern eher ein intuitives Werkzeug für Ihren Erkenntnisgewinn. Die vier Schritte sind aufeinander aufgebaut. Es ist ratsam, die Reihenfolge einzuhalten. Die vier Seiten der Berufung sind:

1. Die Motivationsstruktur

Zu jeder Berufungsgeschichte gehört der Ruf zu einem neuen Ufer. Damit verbunden ist der Wunsch, genügend Zuversicht für den Aufbruch zu entwickeln. Sie werden Ihre starken Lebensmotive erkennen, und diese werden Ihnen Energie geben.

2. Das Leitbild

Ein Mensch ist wie ein Puzzle: Er besteht aus einer unübersehbaren Zahl von wertvollen Teilen. Und doch scheint gerade die Vielfalt zu verwirren. Wir entwickeln einen systematischen Weg, und Sie erhalten ein klares Bild für Ihre innere Führung.

3. Die Bestimmung

Wir gehen auf Spurensuche und heben Ihren persönlichen Schatz. In Ihrem bisherigen Schicksal, in den prägenden Momenten und Entwicklungsschritten Ihrer Kindheit bis hin zum jungen Erwachsenenalter liegen Momente der Dankbarkeit. Die ureigenen Wurzeln helfen, ein farbigeres Leben zu planen.

4. Die Mission

Der letzte Schritt ist auch bereits die Brücke zur Entwicklung neuer Ideen und zur anschließenden Konzeptarbeit. Auf der Basis Ihrer Leidenschaften legen wir die Grundlage für ein überzeugendes Maßnahmenpaket.

Erster Schritt: Erkenne deine Motivation

"Wertvorstellungen, nicht eine unbewusste Psychodynamik, sind die Triebkraft für die Psyche des Menschen."

(Steven Reiss)

"Diese Menschen scheinen etwas "geschluckt" zu haben, sie wirken merkwürdig lebendig und begeistert", sagte einmal ein Mann zu mir. Motivierte Menschen begegnen uns häufiger in unserem Leben. Sie sind erfolgreich, vital, wohlhabend und dort angekommen, wohin wir möglicherweise wollen. Sie sind auf der Gewinnerstraße und damit halten sie nicht hinter dem Berg. Sie treiben vielen von uns den Neid in den Nacken. Denn die sichtbar motivierten Menschen wirken oft vital und fröhlich. - Machen wir uns nichts vor! Neid ist manchmal gut. Neid ist zwar keine Motivation, aber er kann uns nachdenklich machen. Neid ist häufig eine Anerkennung an Menschen, die eben bereits dort sind, wohin wir wollen - oder um es von der anderen Seite aus zu betrachten und mit Oscar Wilde auszudrücken: "Die Anzahl unserer Neider bestätigt unsere Fähigkeiten." Der Neid lenkt den Blick nach außen, und eine Überlebensemotion wird geweckt. So kann er beispielsweise den Ehrgeiz anstacheln und uns zur Nachahmung motivieren. Die eigenen natürlichen Motive bleiben allerdings weiterhin unerkannt.

Neid ist zudem nicht selten Unwissenheit. Denn wir wissen meist nicht genau, was den Mitmenschen wirklich motiviert. Da gibt es sicher die Menschen, die sich von ihren eigenen Maßstäben leiten lassen, die ein tief in ihnen schlummerndes Motiv entdeckt und umgesetzt haben. Glück und Zufriedenheit sind dann nachhaltig, wenn diese innere Motivation mit den anderen wahren Bausteinen der Berufung zusammenfällt. Das verweist auf die nächsten Schritte, denn die Motive alleine sind für die Berufung nicht aussagefähig. Nicht selten ist es jedoch auch eine ausschließlich von außen gesteuerte Motivation. Die wenigsten Menschen sind sich über ihre Motivationsstruktur im Klaren. Die als Motivation wahrgenommenen Antriebskräfte sind meist eine Reaktion auf das eigene Ego, das im Kampf der Eitelkeiten den Überlebenskampf angenommen hat. Das sind Antriebskräfte, die hauptsächlich von außen geweckt werden, jedoch keine natürliche Motivation. Wer von uns ist aber vollkommen frei von den Anreizen und Einflüssen des Marktes? Werden wir allerdings einseitig von den Anreizprogrammen der Märkte, inklusive der Motivierung unserer Arbeit- und Auftraggeber, gesteuert, sprechen wir besser von Fesseln der Belohnungs- und Prämiensysteme. Sie sind eine der Ursachen dafür, dass Menschen an ihren attraktiven Arbeitsplätzen ausbrennen. Der Motivationsexperte Reinhard K. Sprenger sagt: "Oft wird nicht getan, was sinnvoll ist, sondern was belohnt wird." [1]

Mein eigenes Denksystem begann ich kritisch zu hinterfragen, als ich Anfang bis Mitte 30 war. Einige Monate nach meinem Studium hatte ich das Glück, in einem sehr prosperierenden Leasingunternehmen als Trainee zu starten. Wie die meisten jungen Absolventen in der Welt der Finanzindustrie war ich daran gewöhnt, dass mein Engagement durch ein wirksames Anreiz-Beitrags-System angestoßen wurde. Daran hat sich bekanntlich bis heute bei den Banken nichts geändert. Trotz der wachsenden Tantiemen und der Aufbesserungen in der sozialen Infrastruktur ist eine latent vorhandene Unzufriedenheit vorhanden. Innerer Frieden entsteht erst, wenn wir das tun, was in uns steckt. Hier aber stecken andere etwas in uns hinein, denn an den wirklichen Motiven hat kaum jemand ein Interesse. Mein damaliger Auftraggeber steuerte mit neuen Vergütungssystemen, strukturierten Motivationsgesprächen und immer anderen Deputaten dagegen. Der Teufelskreis der Kuschelkultur ist in der Bankenwelt bis heute verbreitet. Es werden in einigen Unternehmen mehr Prämien ausgezahlt, als an realen Gewinnen erwirtschaftet wird.

"Wes Brot ich ess, des Lied ich sing!", ist eine bekannte Redewendung, die gut zu meiner damaligen Verfassung passte. Was konnte ich noch tun, um noch mehr auf meinem Gehaltszettel zu finden? Die mahnenden Worte der Heilpraktikerin hatte ich in der Lust auf Status und Prestige längst vergessen. Ich hatte etwas geschluckt, und es war kein Medikament. Mich hatte der Ehrgeiz gepackt. Ich folgte dem Rat meines Vorgesetzten und startete die Ausbildung zum Steuerberater. Wie so oft war auch bei mir eine persönliche Niederlage erforderlich, damit ich aufwachte. Ich hätte der Story des Misserfolgs die Überschrift "Dumm gelaufen" geben können. Und das ist sicher so, wenn ein engagierter Mitarbeiter in die Sackgasse gerät und erkennt, dass langfristig keine Aufstiegsmöglichkeiten und Entwicklungschancen bestehen. Alle Macht gehört in der Marktwirtschaft den Gewinnern. Ist es da nicht mehr als natürlich, dass den Verlierern nur der Katzenjammer bleibt? Diese absolut desolate Schlussfolgerung setzt allerdings voraus, dass wir Menschen von der Motivationsstruktur her komplett ähnlich gestrickt sind. Dies ist jedoch definitiv nicht so, und somit möchte ich meiner Erfahrung, die ich sehr gerne mit Ihnen teile, die Überschrift "Glück im Unglück" geben. Mein Engagement ließ in dem Augenblick nach, als die süße Droge nicht mehr in ausreichender Menge zur Verfügung stand. Ich erkannte, dass meine Leistungsbereitschaft von der Motivierung abhängig war, abgekoppelt von jeder inneren Motivation. Mir wurde bewusst, dass ich zu der Schar von Menschen gehörte, die sich von etwas anderem als der inneren Motivation abhängig gemacht hatten.

Die natürliche Motivation

Durch einen Workshop mit dem Enneagramm wurde mir ein neuer Blick auf meine Lebensmotive ermöglicht. Wenn wir eine Arbeit wollen, die uns lebendige Wesen sein lässt, muss es uns um den Blick auf die innere Motivation gehen. Es geht also um das Erkennen und die Aktivierung dessen, was natürlich in uns ist. Der intuitive Geist erinnert uns daran, dass wir bereits jetzt beschenkt sind. Wir kommen ohne ein großes Spektakel zur Erkenntnis, dass wir den größten Teil unserer Berufung schon bei der Geburt in uns trugen. Die Berufung ist also ein Fußabdruck unserer Seele.

Die psychologisch geschulten Menschen unter uns wenden nun vielleicht ein, dass es keinen Abdruck gibt, der starr und unveränderlich ist. Die Welt der Psychotherapie sieht deshalb mit Skepsis auf die Welt der Seelsorge. Ich glaube jedoch, dass wir durch die Kombination von beiden Richtungen heilsame Bedingungen schaffen können. Psychologische Faktoren verweisen auf die Einflüsse von Prägung und Sozialisation, auch im Hinblick auf die Motivation. Zum Sinn gehören sowohl die Sonnen- als auch die Schattenseiten des Lebens. Die enttäuschten Erwartungen und fehlgeleiteten Motivierungen können wichtige Hinweise geben. Sie führen letztendlich zum Ausgangspunkt der natürlichen Motivation. Sie sind Teil des Entdeckungsprozess, und wir sollten über sie reflektieren.

Wir wissen durch die Motivforschung, ein Teilgebiet der Psychologie, dass unsere Handlungen und die damit verbundenen Gefühle in Teilen vorherbestimmbar sind. Grundbedürfnisse und Wertevorstellungen hat der Mensch, und sie sind es, die ihn zum Handeln bewegen. Es gibt Antriebskräfte in uns, die Einsatzbereitschaft und Engagement auslösen, während andere Antriebsmomente weniger Energie erzeugen. Diese treibenden Kräfte sind nicht immer gleich. Sie verändern sich unter anderem je nach

Alter, Geschlecht, den Lebensumständen und der Bedürfniserfüllung. Ihre Entwicklung und Ausprägung ist stark abhängig von der Prägung, den Einflüssen aus dem Elternhaus, den Erfahrungen aus der Jugend und anderen äußeren Faktoren. Aber die Wirkung der Sozialisation darf meines Erachtens nicht überschätzt werden. Man muss kein Freund der Astrologie sein, um an feststehende typologische Erkenntnisse zu glauben. Der Mensch bringt von Geburt an eine relativ feststehende Veranlagung mit, die auf bestimmte Motive im Leben hindeutet.

Was ist die genaue Definition eines Lebensmotivs?

Die Motivationsforschung hat zu dem Thema "Motiv" unterschiedliche Begriffsdefinitionen entwickelt. Wir können feststellen, dass es bei einigen Autoren zu Überschneidungen zwischen Werten, Bedürfnissen und treibenden Kräften kommt. Aus meiner Sicht lassen sich die Überschneidungen nicht vermeiden. In diesem Zusammenhang gilt als einer der größten Pioniere der amerikanische Psychologe Steven Reiss. Sehr viele Kollegen aus Beratung, Therapie und Coaching nutzen seine heute anerkannten "Reiss-Profile". [2] In seinem Werk führt er die natürlichen Lebensmotive auf 16 feststehende menschliche Grundbedürfnisse zurück. Und diese individuelle Bedürfnisstruktur ist für den weiteren beruflichen Weg von nachhaltiger Bedeutung.

Wie kann man die Intensität von Lebensmotiven messen?

In der Welt der Unternehmens- und Karriereberatung finden eine Vielzahl von typologischen Modellen Anwendung. Sie alle haben das Ziel, Persönlichkeitsstrukturen und Lebensmotive für den berufstätigen Menschen transparenter zu machen. Und sie haben den entscheidenden Nachteil, dass es beim Anwender mitunter zu einem deterministischen Schubladendenken kommen kann. Im Enneagramm wird eher auf die Dynamik in der Struktur geachtet.

Das über 2.000 Jahre alte Erfahrungswissen wurde zu Beginn mündlich weitergeben, und die Entstehung ist nicht sicher geklärt. Zwischenzeitlich fast vergessen, gewann es am Ende des letzten Jahrtausends enorme Aufmerksamkeit. Lassen Sie sich in einem der vielen Enneagramm-Seminare von Experten inspirieren oder erwerben Sie eines der im Literaturverzeichnis empfohlenen Bücher zum Enneagramm. Im WLS-Sinn-Kompass lehnen wir uns an die Struktur an, ohne die Lehre des Enneagramms zu vertiefen.

Der Praxisfall

Als Carsten den WLS-Sinn-Kompass startete, war ihm bereits seine bisherige Ausrichtung auf die äußeren Leistungsanreize klar geworden. Zeiten des Nachspürens und Reflektierens wurden von ihm lange als Zeitverschwendung bewertet. Eine Verschiebung des eigenen Standpunktes war zu gefährlich. Mit dem Ende des beruflichen Engagements entstand erstmals der Mut, die bisherige Außenorientierung zu erkennen. Carsten begann, die bisherigen Motivierungsprämien mit neuen Augen zu betrachten. Sie hatten ihn in Schwung gebracht - und gleichzeitig in eine Abhängigkeit getrieben. Durch dieses Bewusstsein wurde es ihm möglich, die Motive seiner unterschiedlichen inneren Stimmen zu ordnen. Er erkannte, dass in ihm eine Antriebskraft wirkt, die er bereits in seiner Kindheit spürte. Als Junge war er sehr unabhängig, praktisch und geschickt in der Umsetzung von Erkenntnissen. Nie war es ihm besonders wichtig gewesen, eine besondere Nähe zu Mitschülern oder Kameraden aufzubauen. Hingegen war er dennoch beliebt, weil er sehr konsequent und zupackend die Aufgaben löste. Als Erstgeborener war er der unumstrittene Führer unter den Kindern seiner Familie, und diesen Führungsanspruch verfolgte er auch in seinem Berufsleben. Zufrieden fühlte sich Carsten meist dann, wenn er seinem Gestaltungswillen nachkommen durfte. Hinzu kam eine starke Siegermentalität in Verbindung mit einer konservativen Werteorientierung. Schon seine Motivationsstruktur verdeutlichte ihm, dass die festen Strukturen seiner bisherigen Umgebung ihm zu wenig Leitungs- und Gestaltungsmöglichkeiten eröffneten. Trotz des vordergründigen Erfolges konnte Carsten mit der Situation auf Dauer nicht glücklich sein.

Übung: Motivationsstruktur

Bitte nehmen Sie sich mindestens 30 Minuten Zeit für diese Übung im WLS-Sinn-Kompass. Die Fragen scheinen auf den ersten Blick recht einfach. Doch die bisherigen ausführlichen Erklärungen zur Unterscheidung von Motivierung und Motivation werden Ihnen jetzt von Nutzen sein. Es geht bei der Beantwortung der Fragen darum, dass sowohl Ihr Verstand als auch Ihr rationaler Geist als auch Ihr intuitiver Geist im Prozess sind. Deshalb erzeugt die Übung zu Ihrer Motivationsstruktur dann ein genaues Ergebnis, wenn Sie sie behutsam und bewusst durchführen. Im Workshop selbst lege ich Wert auf eine ruhige und harmonische Umgebung. In einer entspannten Atmosphäre besteht die größte Chance, dass Sie erkennen, dass man nicht nur mit den Augen gut sehen kann. Suchen Sie sich daher einen Ort der Ruhe. Versuchen Sie, Ihr ganzes bisheriges Leben zu überblicken.

Sie werden sich von vielen Aussagen zu den neun Persönlichkeitstypen angesprochen fühlen. Berücksichtigen Sie, dass wir jeden der neun Typen in uns tragen. Es geht um die Häufigkeit und die Intensität Ihrer Gefühle. Dazu dient das folgende Beispiel:

“Bei grundlegenden Entscheidungen orientiere ich mich an Vernunft und Gewissen.”

1	2	3	4	5	6
☐	☐	☐	☐	☐	☐

1. “Diese Aussage habe ich bisher nicht getroffen. Äußert ein Mensch diese Sichtweise, kann ich mich dafür nicht erwärmen.”
2. “Diese Aussage habe ich bisher nicht oder selten gemacht. Im Großen und Ganzen stehe ich dem gleichgültig gegenüber.”
3. “Diese Aussage habe ich bisher nicht oder selten gemacht. Aber ich kann das gut verstehen und dem eine gewisse Sympathie schenken.”
4. “Diese Aussage kommt bei mir schon vor. Doch im Großen und Ganzen ist das für mich eine Sache von geringer Relevanz.”
5. “Diese Aussage habe ich schon oft getätigt. Je nach Situation finde ich das für mich wichtig.”
6. “Diese Aussage könnte durchaus von mir sein. In vielen Fällen ist mir das Thema sehr wichtig.”

TYP A

Beantworten Sie die Fragen mit einem Höchstmaß an Ehrlichkeit. Alle acht Fragen erhalten von Ihnen einen Wert von 1 bis 6. Addieren Sie am Ende die Punktzahl für den Typ A.

Ist nicht gegeben/negative Gefühle	1
Ist selten gegeben/negative Gefühle	2
Ist selten gegeben/gleichgültige Gefühle	3
Ist gegeben/gleichgültige Gefühle	4
Ist häufiger gegeben/meist positive Gefühle	5
Ist sehr häufig gegeben/positive Gefühle	6

	1	2	3	4	5	6
Bei grundlegenden Entscheidungen orientiere ich mich an Vernunft und Gewissen.	☐	☐	☐	☐	☐	☐
Unvergängliche Prinzipien wie Gerechtigkeit, Wahrhaftigkeit oder Fairness haben für mich einen zentralen Stellenwert.	☐	☐	☐	☐	☐	☐
Meine Aktivitäten orientieren sich an Werten. Deshalb ist es notwendig, auch mal gegen den Strom zu schwimmen.	☐	☐	☐	☐	☐	☐
Bei Fragen zu Recht und Moral kann mich schon mal richtig der Eifer packen.	☐	☐	☐	☐	☐	☐
Meine Freunde schätzen an mir meine Ernsthaftigkeit und meine ethische Ausrichtung.	☐	☐	☐	☐	☐	☐
Mein Wertesystem dient mir als wichtiger Wegweiser und Kompass für meine Entscheidungen.	☐	☐	☐	☐	☐	☐
Das Bewusstsein für meine eigenen Prinzipien ist mir sehr wichtig.	☐	☐	☐	☐	☐	☐

Ich fühle mich humanen Regeln verpflichtet und setze mich dafür ein. Die Vorteile sind von nachhaltiger Natur. ☐ ☐ ☐ ☐ ☒ ☐

Die Summe für Typ A: 35 / 40

TYP B

Alle acht Fragen erhalten von Ihnen einen Wert von 1 bis 6. Addieren Sie am Ende die Punktzahl für den Typ B.

Ist nicht gegeben/negative Gefühle	1
Ist selten gegeben/negative Gefühle	2
Ist selten gegeben/gleichgültige Gefühle	3
Ist gegeben/gleichgültige Gefühle	4
Ist häufiger gegeben/meist positive Gefühle	5
Ist sehr häufig gegeben/positive Gefühle	6

	1	2	3	4	5	6
Ich schließe schnell Kontakte und behalte meine sozialen Kontakte gut im Blick.	☐	☐	☐	☒	☐	☐
Im Umgang mit Menschen bin ich sehr einfühlsam und achtsam.	☐	☐	☐	☐	☒	☐
Mit Ermutigung und Wertschätzung gehe ich großzügig um.	☐	☐	☐	☐	☒	☐
Menschen schenken mir gerne und oft ihr Vertrauen.	☐	☐	☐	☒	☐	☐
Ich verbringe sehr viel Zeit mit Freunden, Bekannten und sozialen Aktivitäten.	☐	☐	☒	☒	☐	☐
Mir geht es dann gut und ich fühle mich bestätigt, wenn mich Menschen um Rat bitten.	☐	☐	☐	☐	☐	☒
Mit Fehlern anderer Menschen gehe ich barmherzig und fürsorglich um.	☐	☐	☐	☐	☒	☐
Das Wohlergehen von Menschen liegt mir sehr am Herzen.	☐	☐	☐	☐	☒	☐

Die Summe für Typ B: 38

TYP C

Alle acht Fragen erhalten von Ihnen einen Wert von 1 bis 6. Addieren Sie am Ende die Punktzahl für den Typ C.

Ist nicht gegeben/negative Gefühle	1
Ist selten gegeben/negative Gefühle	2
Ist selten gegeben/gleichgültige Gefühle	3
Ist gegeben/gleichgültige Gefühle	4
Ist häufiger gegeben/meist positive Gefühle	5
Ist sehr häufig gegeben/positive Gefühle	6

	1	2	3	4	5	6
Für meine Ziele bin ich häufig bereit, Engagement und Einsatzwillen zu entwickeln.	☐	☐	☐	☐	☐	☐
Auch in meiner Freizeit tausche ich mich gerne über berufliche Fragen aus.	☐	☐	☐	☐	☐	☐
Bei Gesprächen in Gruppen kommt es häufig vor, dass ich im Mittelpunkt der Aufmerksamkeit stehe.	☐	☐	☐	☐	☐	☐
Ich arbeite auch deshalb viel, weil mir die gesellschaftliche Anerkennung wichtig ist.	☐	☐	☐	☐	☐	☐

Wenn es im Beruf zum Wettbewerb kommt, nehme ich das gerne an und habe eine sportliche Einstellung.	☐	☐	☐	☒	☐	☐
Auf plötzliche Ereignisse reagiere ich in der Regel schnell und ergebnisorientiert.	☐	☐	☐	☐	☒	☐
Ich bin ein gewinnender Typ, weil ich über diplomatisches Geschick und Anpassungsvermögen verfüge.	☐	☐	☐	☐	☒	☐
Das Leben wird nur reicher für mich, wenn ich mich regelmäßig um Fort- und Weiterbildung kümmere.	☐	☐	☐	☒	☐	☐

Die Summe für Typ C: 31

TYP D

Alle acht Fragen erhalten von Ihnen einen Wert von 1 bis 6. Addieren Sie am Ende die Punktzahl für den Typ D.

Ist nicht gegeben/negative Gefühle	1
Ist selten gegeben/negative Gefühle	2
Ist selten gegeben/gleichgültige Gefühle	3
Ist gegeben/gleichgültige Gefühle	4
Ist häufiger gegeben/meist positive Gefühle	5
Ist sehr häufig gegeben/positive Gefühle	6

	1	2	3	4	5	6
Ich bin auf Menschen mit einem inneren Reichtum gespannt. Das ist für mich wertvoller als die Begegnung mit Menschen, die es zu etwas gebracht haben.	☐	☐	☐	☐	☐	☒
Mitunter entsteht der Eindruck, ich könne schnell die Gefühle und Stimmungen erfassen.	☐	☐	☐	☐	☒	☐
Ich drücke meine Gefühle gerne kreativ aus. Das ist auch eine Möglichkeit für mich, das Echte und Natürliche des Lebens zu pflegen.	☐	☐	☒	☒	☐	☐
Mein Leben ist schon durch eine Sehnsucht und Suche gekennzeichnet.	☐	☐	☐	☐	☐	☒

Wenn ich in Gesprächen Gefühlstiefe und Verbundenheit erfahre, kann mich das richtig glücklich machen.	☐ ☐ ☐ ☐ ☐ ☒
Bei unangemessenem Verhalten kann ich schon mal mit starker Mimik und Gestik reagieren.	☐ ☐ ☐ ☒ ☐ ☐
Ich erhalte häufiger das Kompliment, ich sei sinnlich und ich hätte einen guten Geschmack.	☐ ☐ ☐ ☐ ☒ ☐
Ein gewisses Anderssein gehört zu mir. Auch wenn mich das nachdenklich macht, kann ich das manchmal genießen.	☐ ☐ ☐ ☐ ☐ ☒

Die Summe für Typ D: 42

TYP E

Alle acht Fragen erhalten von Ihnen einen Wert von 1 bis 6. Addieren Sie am Ende die Punktzahl für den Typ E.

Ist nicht gegeben/negative Gefühle	1
Ist selten gegeben/negative Gefühle	2
Ist selten gegeben/gleichgültige Gefühle	3
Ist gegeben/gleichgültige Gefühle	4
Ist häufiger gegeben/meist positive Gefühle	5
Ist sehr häufig gegeben/positive Gefühle	6

	1	2	3	4	5	6
In der Zusammenarbeit sind mir eigene fachliche Entwicklungsschritte sehr wichtig.	□	□	□	□	□	□
Auch bei der Chance, eine neue Freundschaft zu gewinnen, wäge ich in aller Ruhe ab und schaue konzentriert hin.	□	□	□	□	□	□
Meine Bildung ist mir wichtig und ich gehe sehr systematisch vor.	□	□	□	□	□	□
Vor einem Treffen verschaffe ich mir zunächst einen Überblick über den Anlass und das Thema.	□	□	□	□	□	□

Bei einem Problem unter Kollegen versuche ich zuerst zu verstehen, welche inhaltlichen Differenzen bestehen und wo die sachliche Lösung zu suchen ist.	☐	☐	☐	☐	☐	☐
Eine Leistungsbeurteilung sollte sich mehr an objektiv nachweisbaren Kriterien orientieren.	☐	☐	☐	☐	☐	☐
Probleme löse ich dann, wenn ich die komplexen Zusammenhänge auf das Wesentliche reduzieren kann.	☐	☐	☐	☐	☐	☐
Für meine Arbeit ist mein Energiehaushalt entscheidend. Deshalb lege ich auf einen Ort der Ruhe besonderen Wert.	☐	☐	☐	☐	☐	☐

Die Summe für Typ E: ☐

TYP F

Alle acht Fragen erhalten von Ihnen einen Wert von 1 bis 6. Addieren Sie am Ende die Punktzahl für den Typ F.

Ist nicht gegeben/negative Gefühle	1
Ist selten gegeben/negative Gefühle	2
Ist selten gegeben/gleichgültige Gefühle	3
Ist gegeben/gleichgültige Gefühle	4
Ist häufiger gegeben/meist positive Gefühle	5
Ist sehr häufig gegeben/positive Gefühle	6

	1	2	3	4	5	6
Bevor ich eine gravierende Änderung in meinem Leben vornehme, hole ich mir zuerst lieber einen vertraulichen Rat.	☐	☐	☐	☐	☐	☒
Menschliche Verbindungen pflege ich mit einem hohen Maß an Pflichtbewusstsein.	☐	☐	☐	☐	☒	☐
Ich bevorzuge Risikovorsorge und Rücklagenbildung. Das unterstreicht mein verantwortliches Handeln.	☐	☐	☐	☐	☒	☐
Bei meiner Arbeit ist mir Genauigkeit und Gewissenhaftigkeit wichtig.	☐	☐	☐	☐	☐	☒

Meine Verlässlichkeit und Loyalität werden mir als besonderes Gütesiegel gespiegelt.	☐ ☐ ☐ ☒ ☐ ☐
Wenn in meinem Team der Geist des Vertrauens herrscht, kann jeder mit meiner anhaltenden Treue rechnen.	☐ ☐ ☐ ☐ ☒ ☐
Die Nähe zu meiner Heimat liegt mir am Herzen. Mitunter gelte ich als bodenständig.	☐ ☐ ☐ ☐ ☐ ☒
Vor einer neuen Aufgabe plane ich gerne die inhaltlichen und zeitlichen Details.	☐ ☐ ☐ ☐ ☒ ☐

Die Summe für Typ F: 92

TYP G

Alle acht Fragen erhalten von Ihnen einen Wert von 1 bis 6. Addieren Sie am Ende die Punktzahl für den Typ G.

Ist nicht gegeben/negative Gefühle	1
Ist selten gegeben/negative Gefühle	2
Ist selten gegeben/gleichgültige Gefühle	3
Ist gegeben/gleichgültige Gefühle	4
Ist häufiger gegeben/meist positive Gefühle	5
Ist sehr häufig gegeben/positive Gefühle	6

	1	2	3	4	5	6
Eine Gemeinschaft kann von meiner erfrischenden Art profitieren.	☐	☐	☐	☐	☐	☐
Das Leben ist farbig. Deshalb suche ich eher die Abwechslung.	☐	☐	☐	☐	☐	☐
Ich betrachte das Leben als ein Fest. Deshalb möchte ich auch meiner Arbeit viel Begeisterung abgewinnen können.	☐	☐	☐	☐	☐	☐
Lebendige Erfahrungen sind mir wichtig. Ein Wagnis oder ein Abenteuer gehe ich gerne ein.	☐	☐	☐	☐	☐	☐

Mich bezeichnet man eher als Generalisten. Denn ich genieße ein Arbeitsgebiet, wenn ich dort Vielfalt antreffe. ☐ ☐ ☐ ☐ ☒ ☐

Wird viel in meiner Tätigkeit zur Routine, denke ich recht schnell über einen Wechsel nach. ☐ ☒ ☐ ☐ ☐ ☐

Zum Arbeitsleben gehört auch Spaß. Ich akzeptiere, dass es gefährlich werden kann. ☒ ☐ ☐ ☐ ☐ ☐

Meine gesellige Art kann dazu führen, dass ich relativ schnell einen Kollegen von der privaten Seite kennenlerne. ☐ ☐ ☐ ☒ ☐ ☐

Die Summe für Typ G: 24

TYP H

Alle acht Fragen erhalten von Ihnen einen Wert von 1 bis 6. Addieren Sie am Ende die Punktzahl für den Typ H.

Ist nicht gegeben/negative Gefühle	1
Ist selten gegeben/negative Gefühle	2
Ist selten gegeben/gleichgültige Gefühle	3
Ist gegeben/gleichgültige Gefühle	4
Ist häufiger gegeben/meist positive Gefühle	5
Ist sehr häufig gegeben/positive Gefühle	6

	1	2	3	4	5	6
Selbst in Konflikten bleibe ich sicher, standhaft und durchsetzungsstark.	☐	☐	☐	☐	☐	☐
Begegnet mir jemand mit unangemessenem Fehlverhalten, verschaffe ich mir schnell Respekt.	☐	☐	☐	☐	☐	☐
In Verhandlungen fühle ich mich meist gut. Denn ich verhalte mich souverän und kann mit Argumenten überzeugen.	☐	☐	☐	☐	☐	☐
Wagt niemand im Team die Klärung, zeige ich Zivilcourage und spreche auch Unangenehmes an.	☐	☐	☐	☐	☐	☐

Ich gelte als Offensivkraft. Es kommt eher häufig vor, dass man mir die Führungsaufgabe im Team anträgt.	☐ ☐ ☐ ☐ ☐ ☐
Meistens bin ich von Menschen und Umständen gerne unabhängig. Das gibt mir den besten Gestaltungsspielraum.	☐ ☐ ☐ ☐ ☐ ☐
In der Regel habe ich es gerne, wenn ich die Richtlinien und Vorgaben selbst geben kann.	☐ ☐ ☐ ☐ ☐ ☐
Damit die notwendigen Vorgaben auch umgesetzt werden, nehme ich selbstverständlich auch Einfluss auf Menschen.	☐ ☐ ☐ ☐ ☐ ☐

Die Summe für Typ H:	16

TYP I

Alle acht Fragen erhalten von Ihnen einen Wert von 1 bis 6. Addieren Sie am Ende die Punktzahl für den Typ I.

Ist nicht gegeben/negative Gefühle	1
Ist selten gegeben/negative Gefühle	2
Ist selten gegeben/gleichgültige Gefühle	3
Ist gegeben/gleichgültige Gefühle	4
Ist häufiger gegeben/meist positive Gefühle	5
Ist sehr häufig gegeben/positive Gefühle	6

	1	2	3	4	5	6
Menschen schätzen mich wegen meiner Freundlichkeit und Güte.	☐	☐	☐	☐	☐	☒
Immer wieder schaue ich nach Orten und Situationen, in denen ich zufrieden und ausgeglichen sein kann.	☐	☐	☐	☐	☐	☒
Selbst in kontroversen Diskussionen achte ich darauf: Rücksichtnahme und Kompromissbereitschaft sollten in einem guten Team herrschen.	☐	☐	☐	☐	☒	☐
Für meinen Energiehaushalt benötige ich unbedingt eine Gemeinschaft, in der ich mich geborgen fühlen kann.	☐	☐	☐	☐	☐	☒

Häufig hilft meine friedliche und gelassene Ausstrahlung bei der Konsensfindung im Team.	☐ ☐ ☐ ☒ ☐ ☐
Neuen Kollegen helfe ich gerne, den Anschluss an die Gemeinschaft zu bekommen.	☐ ☐ ☐ ☐ ☐ ☒
Meine Offenheit und Vertrauenswürdigkeit kann für hitzige Gemüter wie ein Katalysator wirken.	☐ ☐ ☒ ☒ ☐ ☐
Das soziale Klima ist aus meiner Sicht die Grundlage. Dank dieser Basis lassen sich viele schwere Aufgaben schultern.	☐ ☐ ☐ ☐ ☐ ☒

Die Summe für Typ I: [92]

Auswertung

1. Schritt:

Sie haben zu jedem der neun Persönlichkeitstypen die gleiche Anzahl von Fragen beantwortet. Diese Fragen haben ihren Fokus auf den Lebensmotiven, die jeder Mensch in sich trägt. Durch die folgende Addition der Punktzahlen erkennen Sie Ihre Favoriten. Übertragen Sie die Punktzahlen der neun Typen in die folgende Tabelle. Einige Typen haben sicherlich nur eine geringe Punktzahl erhalten. Notieren Sie dennoch auch diese Punktzahl.

Typen laut Test	Punkte	Reihenfolge
Typ A Reformer	40	*
Typ B Fürsorgliche	38	
Typ C Genießer	31	
Typ D Romantiker	42	*
Typ E Denker		
Typ F Loyale	42	*
Typ G Optimist	24	
Typ H Leiter	16	
Typ I	42	*

2. Schritt:

Sie wissen es bereits: Im WLS-Sinn-Kompass hat die Zahl 4 eine besondere Bedeutung. In jeder Übung werden Sie die für Sie vier stärksten oder aussagekräftigsten Wörter kennzeichnen. Auch bei den Lebensmotiven ist es nicht immer leicht, das für Sie wichtigste Wort zu bestimmen. Deshalb sollten Sie Ihrer Intuition vertrauen. Entscheiden Sie sich nun für die vier ersten von neun Typen!

3. Schritt:

Die neun Typen werden zwar lediglich kurz vorgestellt, aber wir verwenden dabei nur positive Typennamen, da die verwirklichte Berufung ein erlöster Seelenzustand ist. Alle neun Typen und deren Motivationen sind wertvoll und haben berufene Menschen hervorgebracht. Eine qualitative Abstufung untereinander gibt es für den WLS-Sinn-Kompass nicht. Eine erlöste Welt braucht das positive Wechselspiel, das erst durch die Verschiedenheit von einzigartigen Menschen entsteht, die sogenannte Einheit in der Vielfalt.

Lesen Sie sich nun bitte die Beschreibung und die sinngebenden Motive **"Ihrer vier Typen"** durch. Sie werden erkennen, dass die Motive Ihrer vier ersten Typen gut zu Ihnen passen. Entscheiden Sie sich anschließend für das eine **starke Motiv**, das Ihr bisheriges Handeln eindeutig und im positiven Sinne dominiert hat. Sie haben ein Antriebsmoment, zu dem Sie jeden Tag nach dem Aufstehen mit Herzblut JA sagen können. An diesem Motiv sind nicht nur Ihre Vernunft, Ihre bisherigen Erfahrungen, sondern Ihr ganzes Wesen beteiligt. Fällt Ihnen die Auswahl schwer, kehren Sie nochmals zu den Übungsfragen des jeweiligen Typs zurück. Prüfen Sie, bei welchen Fragen Sie eine hohe Punktzahl vergeben haben. Ihre Antworten geben Ihnen die notwendige Klarheit. Am Ende haben Sie Ihre vier stärksten Motive gewählt. In den Visionstagen werden wir gemeinsam diese Motive mit weiteren praktischen Erlebnissen und Erfahrungen unterlegen. So wird Ihr Visionsmanifest für Sie und Ihre beruflichen Bezugspersonen immer überzeugender.

Beschreibung Typ A: Der Reformer

Reformer haben die Veränderung oder zumindest die Verbesserung der Lebensverhältnisse im Blick. Deshalb gehen sie mit sich und ihrer Umgebung kritisch und fordernd um. Ihnen geht es um die Entwicklung und das Wachstum.

Sollte der Reformer einer der vier stärksten Typen sein, so entscheiden Sie sich für eines der folgenden Motive. Die zentralen Motive des Reformers sind die Werteorientierung, die innere Freiheit und der Ordnungssinn.

Lebensmotiv Werteorientierung:

Reformer haben eine Sehnsucht nach unvergänglichen und allgemeingültigen Prinzipien wie Gerechtigkeit, Fairness, Ernsthaftigkeit oder Aufrichtigkeit. Diese Motive sind treibende Kräfte, wenn es zum Beispiel um die Einhaltung von sozialer Ausgewogenheit oder um den Schutz von Minderheiten geht. Reformer haben eine Antenne für Humanität und entwickeln Mitgefühl für den Nächsten. Deshalb passen zu ihnen Berufsbilder aus Psychologie, Theologie, Soziologie und Pädagogik. Aber auch die Tätigkeiten, die rechtlichen und/oder politischen Einsatz erfordern, sind für den Reformer eine Möglichkeit, dem ihnen innewohnenden Antriebsmoment der Werteorientierung zu entsprechen.

Lebensmotiv innere Freiheit:

Die innere Freiheit ist eigentlich kein eigenständiges Motiv. Sie ist ebenso ein Ideal oder Wert. Der Reformer in uns hat das Bedürfnis nach Chancengleichheit, dem freien Zugang zu Bildungseinrichtungen und er fordert die freie Berufswahl. Doch darüber hinaus gibt es bei einer Vielzahl von Menschen mit diesem Lebensmotiv das Bedürfnis, mit Hilfe von Mobilität und Handlungsfreiheit neue Karrierechancen zu nutzen. Andere wiederum spüren instinktiv den Drang, mit einer innovativen Geschäftsidee oder durch den Kauf eines Unternehmens den Weg in die Selbstständigkeit anzutreten. Das Motiv der Freiheit ist meines Erachtens grundlegend für die Entscheidung, freiberuflich beziehungsweise unternehmerisch tätig werden zu wollen. Wer diesen Schritt nicht gehen kann oder will, wird mit einem starken Antriebsmoment Freiheit nur dann glücklich sein können, wenn ihm der Arbeitgeber eigene Freiräume ermöglichen wird. Viele Außendienstmitarbeiter oder Projektmanager berichteten mir, dass sie sich als angestellte Unternehmer empfinden.

Lebensmotiv Ordnungssinn:

Für den Reformer sind Gewissenhaftigkeit, Pünktlichkeit und Klarheit von Bedeutung. Reformer schätzen Regeln und Pläne, die das Zusammenwirken von Menschen erleichtern. So ist es nicht verwunderlich, dass viele von ihnen sehr organisiert sind.

Eine gute Zeitplanung und strukturierte Arbeitsabläufe kennzeichnen ihren Arbeitstag. Gut zu dem stark ausgeprägten Lebensmotiv "Ordnungssinn" passen Berufe aus dem wirtschafts- und rechtsberatenden Bereich, Verwaltungsberufe und Berufe im Finanz- und Rechnungswesen.

Frage: Welches der drei Motive trifft auf Sie eher zu? Werteorientierung, Freiheit oder Ordnungssinn?

Beschreibung Typ B: Der Fürsorgliche

Fürsorgliche Menschen haben in erster Linie das Wohl des Mitmenschen im Blick. Fragen zur Menschlichkeit und Gesundheit stehen bei ihnen hoch im Kurs. Der Fürsorgliche in uns hat ein intensives Verlangen, Empathie, Solidarität und Nächstenliebe zu leben.

Sollten Sie einen sehr großen fürsorglichen Anteil haben, entscheiden Sie sich bitte für eines der folgenden Lebensmotive. Das sind in erster Linie Beziehungen und Anerkennung.

Lebensmotiv Beziehungen:

Fürsorgliche Menschen haben ein intensives Bedürfnis nach Nähe zum Nächsten und den Wunsch nach einer authentischen Verbindung. Freundschaft und Zugehörigkeit sind dem Fürsorglichen in uns wichtig. Fürsorgliche pflegen zuverlässig bestehende Kontakte und genießen die Gesellschaft von vertrauten Menschen. Durch Warmherzigkeit, Umgänglichkeit und Barmherzigkeit können sie Menschen gewinnen und lenken. Berufsfelder, die es dem fürsorglichen Persönlichkeitstyp ermöglichen, Zuwendung und Hilfsbereitschaft zu leben, sind besonders geeignet. Dazu zählen insbesondere die beratenden und helfenden Dienstleistungsberufe, und zwar die Berufe, die eine unmittelbare menschliche Begegnung schaffen. Aber auch in sozialen und Gesundheitsberufen können fürsorgliche Menschen wirken.

Lebensmotiv Wertschätzung:

Manche nennen es schlicht: Anerkennung. Ausgewogener und sinnorientierter ist das Bedürfnis nach Wertschätzung. Wenn wir uns für andere Menschen einsetzen, wünscht der Fürsorgliche in uns eine Reaktion, mitunter auch Dankbarkeit für die Unterstützung. Der Fürsorgliche in uns misst seine Aktivitäten an der freundschaftlichen Haltung, die möglichst viele Menschen ihm schenken. Der fürsorgliche Mensch benötigt die Zuwendung, das Willkommensein und das wohltuende Feedback. Durch die Wertschätzung wird dem fürsorglichen Menschen deutlich, dass die Welt sein soziales Engagement braucht. Natürlich ist die Frage der Wertschätzung für die Berufswahl ein sehr subjektives Moment. Während das Ansehen von sozialen Berufen in der Bevölkerung hoch ist, drückt sich dies gleichzeitig noch nicht in Form einer leistungs- und wertgerechten Entlohnung aus. Das ist ein Zwiespalt, dem sich fürsorglich orientierte Berufstätige gegenüber sehen.

Frage: Welches der beiden Motive trifft auf Sie eher zu? Beziehungen oder Wertschätzung?

Beschreibung Typ C: Der Gewinner

Gewinner sind aktive Menschen, die sich im Kampf und im Wettbewerb beweisen wollen. Sie betrachten das Leben als eine sportliche Aufgabe. Disziplin, Anpassungsvermögen und Ehrgeiz entwickeln wir besonders mit dem Gewinneranteil in uns. Mit Konzentration und Aktivität setzen sich Menschen mit einem Gewinneranteil für ihre Ziele und die ihrer sozialen Umgebung ein. Meist liegt es ihnen, sich zu zeigen, und sie können die Augenblicke genießen, in denen sich das Licht der Aufmerksamkeit auf sie richtet.

Sollte der Gewinner einer der vier stärksten Typen sein, so entscheiden Sie sich für eines der folgenden Motive. Ihre Lebensmotive sind Status und Herausforderung.

Lebensmotiv Status:

Der Gewinner in uns träumt häufig vom Podest. Menschen mit großem Gewinneranteil schätzen herausragende Leistungen im Sport, in der Wissenschaft, in Wirtschaft und/oder Politik. Ruhm ist eine Möglichkeit, sich von anderen abzuheben und dafür von seiner Umgebung geschätzt zu werden. Das Streben nach Statussymbolen wird zwar im Außen häufig belächelt, und mitunter haben es "Streber" nicht leicht, sich zu ihrem Bedürfnis zu bekennen. Bei dem Statusstreben möchte ich jedoch an den dem Gewinner innewohnenden Motor erinnern, ohne den es überhaupt keinen Fortschritt gäbe. Ohne Gewinnstreben ist weder die persönliche noch eine gesellschaftliche Entwicklung denkbar. So sind Menschen mit Statusdenken für Berufe mit Umsatz- und Leistungsmessung besonders geeignet. Mit ihrem Ehrgeiz sind sie für Berufsfelder mit starker Vertriebsausrichtung sowie in der Forschung und Entwicklung von großer Bedeutung.

Lebensmotiv Herausforderung:

Menschen mit Gewinneranteil messen sich gerne und treten kämpferisch auf. Sie gehen offensiv mit Konflikten um und sind bereit, ihre eigenen Interessen und die ihrer Umgebung zu schützen. Damit sie die Herausforderung bewältigen, können viele Gewinner diplomatisch, flexibel und mit Improvisationsgeschick agieren. Ihnen ist bewusst, dass Muskelkraft, vitales Auftreten und ein gepflegtes Äußeres für den Erfolg von großer Bedeutung sind. Berufsfelder, in denen das Marken- und Imagedenken wichtig ist, passen zu diesem Typ. Dazu zählen Berufe in den Medien, im professionellen Sport, im Management, in der darstellenden Kunst sowie in Werbung und Marketing.

Frage: Welches der beiden Motive trifft auf Sie eher zu? Status oder Herausforderung?

Beschreibung Typ D: Der Romantiker

Romantiker sehen und erkennen die andere Welt. Die Erde ist eben auch eine Welt voller Geheimnisse und großer Rätsel. Mystik und Symbolik gehören hierher. Menschen mit einem romantischen Anteil sind zu intensiven Gefühlen fähig und haben eine Antenne für Atmosphäre und Stimmungen. Intuitiv nehmen sie Dinge war, die Menschen mit geringem Romantikanteil nicht bewusst werden. Ihre Sinnlichkeit und Kreativität nutzen sie zum Ausdruck eigener Tiefe. Damit sie das Ganze und dessen Energien erfassen und spüren können, stehen sie lieber am Rande des Geschehens.

Sollte der Romantiker einer der vier stärksten Typen sein, so entscheiden Sie sich für eines der folgenden Motive. Ihre zentralen Lebensmotive sind innere Freude und Schönheit.

Lebensmotiv Freude:

Die Freude des Romantikers richtet sich nach innen, er giert nicht nach lautem Spaß. Hinter dem Kerzenschein oder dem Kunstwerk sucht er die verborgene Botschaft. In vielen Fällen haben Menschen mit starken romantischen Anteilen eine ausgeprägte Beziehung zur Natur. Sie können mit sich alleine sein und genießen stimmige Beziehungen. Berufsbilder, die Gefühle, Natürlichkeit und die Innenwelt betonen, passen sehr gut zum Romantiker. Als Beispiel kann der Beruf des Heilers oder der des Dichters gelten. Berufe, die die Kräfte der Natur berücksichtigen, sind besonders geeignet.

Lebensmotiv Schönheit:

Sinnlichkeit und Stimmigkeit sind starke Bedürfnisse, die den Menschen mit romantischen Anteilen motivieren, die Schönheit zu suchen. Dabei hat er nicht selten das Bedürfnis, das Schöne selbst in diese Welt zu bringen oder das Schöne zu erfahren. Deshalb ist häufig ein starkes Bedürfnis nach Eros - eine starke Antriebskraft und natürliche Motivation, eine besondere Form schöpferischer Sinnlichkeit, die weit mehr ist als die reine körperliche

Geschlechtlichkeit –, das sich neben der sexuellen Erfahrung auch in Tanz und Literatur ausdrücken kann, hier anzusiedeln. Berufsbilder aus Kunst und Gestaltung bieten dem Romantiker eine Möglichkeit, Schönheit in die Welt zu tragen.

Frage: Welches der beiden Motive trifft auf Sie eher zu? Freude oder Schönheit?

Beschreibung Typ E: Der Denker

Denker betrachten die Welt vorrangig durch die sachliche und materielle Brille. Menschen mit Denkeranteil arbeiten gerne strukturiert und methodisch. Erst nach Analysen und akribischen Testphasen kommen sie zu einem Ergebnis. Die Gefühlswelt ist eher ein Ort der Verunsicherung, und so werden Freundschaften selten ohne vorherige Prüfung eingegangen.

Sollte der Denker einer der vier stärksten Typen sein, so entscheiden Sie sich für eines der folgenden Motive. Die Lebensmotive des Denkers sind Ruhe und Reichtum.

Lebensmotiv Ruhe:

Für ihre konzentrierten Studien und ihre Fachbezogenheit benötigen Menschen mit Denkeranteil die Distanz zu ablenkenden Reizen. Daher haben sie das Bedürfnis nach Rückzugsmöglichkeiten und ungestörtem Arbeiten. Sie erkunden mit Neugier die Wissenswelten. In der Zurückgezogenheit haben sie den nötigen Raum für ihre Experimente und die Entwicklung ihrer Thesen. So sind Denker besonders gut für Berufe geeignet, die ein sehr konzentriertes Arbeiten erfordern. In technischen und handwerklichen Berufen können sie ihrem Erfindergeist den nötigen Raum schenken.

Lebensmotiv Reichtum:

Menschen mit Denkeranteil haben ein starkes Interesse an der materiellen Welt. Denker stehen immateriellen und nicht klar quantifizierbaren Größen prüfend bis skeptisch gegenüber. Der

Denker betrachtet wachsende Bildung als ein wertvolles materielles Gut, insbesondere in seinem Spezialgebiet. Zwar tritt er gerne bescheiden auf, aber er verfügt über einen Antrieb zum Sparen und Sammeln. Diese Sehnsucht nach Reichtum kann sich in den unterschiedlichsten Formen Ausdruck verschaffen. So gibt es Denker, die Andenken von Entdeckungsreisen, kostbare Möbelstücke bis hin zu Spielzeug sammeln. Die Objektbezogenheit sollte sich im Berufsbild widerspiegeln.

Frage: Welches der beiden Motive trifft auf Sie eher zu? Ruhe oder Reichtum?

Beschreibung Typ F: Der Loyale

Loyale Menschen gelten als treue Weggefährten. Für Arbeitgeber sind Arbeitnehmer mit loyalen Anteilen ein Glücksfall. Denn ihre Verlässlichkeit und Solidarität dem Arbeitgeber, dem Team und der Philosophie des Systems gegenüber sind oft vorbildlich. Der Loyale ist in der Regel mit den eigenen Wurzeln verbunden: Loyale können sich mit den Traditionen ihrer Herkunft identifizieren.

Sollte der Loyale einer der vier stärksten Typen sein, so entscheiden Sie sich für eines der folgenden Motive. Die Lebensmotive des Loyalen sind Ehre und Sicherheit.

Lebensmotiv Ehre:

Menschen mit einem loyalen Anteil stehen konsequent zu ihren Entscheidungen. Sind Loyale überzeugt von dem Unternehmen, der Arbeitsgemeinschaft und/oder den Vorteilen des Angebotes für die Kundschaft, sind sie gute und sichtbare Repräsentanten. Ein fester Charakter, Pflichtbewusstsein und nachhaltige Überzeugtheit verbindet sich mit dem Lebensmotiv der Ehre. Deshalb ist bei der Berufswahl eher die Branche, die Region oder der konkrete Zusammenhalt einer Arbeitsgemeinschaft das leitende Motiv. So kann es eine Frage der Ehre sein, dass der Beruf des Soldaten oder Staatsdieners gewählt wird. Mitunter gehört es zur Familientradition, wenn der Beruf der Eltern gewählt oder der elterliche Betrieb fortgeführt wird.

Lebensmotiv Sicherheit:

Loyale können von überzeugenden Autoritäten Sicherheit erfahren. Selbst wenn sie nicht immer deren Meinung sind, zeigen sie nach außen hin Solidarität. Getroffene Entscheidungen setzen sie gehorsam um, weil das Bedürfnis besteht, das für sie bewährte Gefüge zu erhalten und nur nach innen integrierend zu wirken. Die Beständigkeit ist dem Loyalen wichtig, und so kommt es eher selten vor, dass ein Mensch mit starken loyalen Anteilen Freude am Wagnis entwickelt. Stattdessen schätzt er eher die relative Krisensicherheit eines Unternehmens oder die Arbeitsplatzsicherheit in einer Behörde.

Frage: Welches der beiden Motive trifft auf Sie eher zu? Ehre oder Sicherheit?

Beschreibung Typ G: Der Optimist

Optimisten haben das Bedürfnis nach Erlebnissen, die Lebensfreude schenken. Menschen mit einem Optimisten-Anteil dürsten nach neuen Erfahrungen, sie lieben Vielfalt und Abwechslung. Wenn Optimisten von Lebensfreude sprechen, meinen sie meistens den Spaß. Dem Leben und den Menschen zugewandt, entwickeln sie Dankbarkeit für das fröhliche Leben.

Sollte der Optimist einer der vier stärksten Typen sein, so entscheiden Sie sich für eines der folgenden Motive. Die Lebensmotive des Optimisten sind Genuss und Abenteuer.

Lebensmotiv Genuss:

Menschen mit Optimisten-Anteil beziehen ihre Energie aus äußeren Reizen. Sie sind extrovertiert und zeigen sich den Sinnesfreuden zugewandt. Das kann sich auf ein gutes und geschmackvoll zubereitetes Essen beziehen. Äußere Reize können aber auch wohlriechende Düfte, stilvolle Kleidung, außergewöhnliche Landschaften und Ähnliches sein. Menschen, die in Bezug auf diese Sinnesfreuden große Energien entwickeln, sind für Berufe mit entsprechender Außenreizeinwirkung beziehungsweise Produkt- und Dienstleistungsnähe geeignet. Dazu zählen zum Beispiel Berufe in der Gastronomie, der Reisebranche oder im Handel mit entsprechenden Produkten und Dienstleistungen. Ebenso zählen dazu Berufe, die von starken Trends beeinflusst werden, wie zum Beispiel der Beruf des Friseurs oder des Modedesigners.

Lebensmotiv Abenteuer:

Mit der Erfahrung eines Abenteuers verbinden Optimisten die Chance, ganz neues Terrain zu entdecken. Sie genießen es, wenn bei Arbeitsbeginn noch nicht feststeht, welche Aufgaben, Ereignisse und Menschen auf sie zukommen werden. Der Optimist freut sich auf den Nervenkitzel, und er ist bereit, für den Frohsinn Risiken einzugehen. Berufsbilder, die diese Abwechslung und geringe Bindung ermöglichen, sind sehr passend. Der Eventmanager, Interimsmanager oder der Reiseleiter sieht sich Anlässen und Kundenwünschen gegenüber, die sich permanent verändern können. Dabei zieht es Menschen mit Optimisten-Anteil eher in die erlebnisreichen Märkte als in die tiefsinnigen und ruhigen Zonen des Lebens.

Frage: Welches der beiden Motive trifft auf Sie eher zu? Genuss oder Abenteuer?

Beschreibung Typ H: Der Leiter

Leiter zeichnen sich durch Kraft und Stärke aus. Sie haben klare Vorstellungen von ihrem Leben, sind zupackend und gelten als Macher. Nicht selten suchen Menschen mit Leiter-Anteil den direkten Weg zur Lösung und nehmen dabei die Anfechtung, die Auseinandersetzung und den Konflikt in Kauf. Mit Entschlossenheit und Entschiedenheit können sie ihre Ziele verfolgen.

Sollte der Leiter einer der vier stärksten Typen sein, so entscheiden Sie sich für eines der folgenden Motive. Die Lebensmotive des Leiters sind Gestaltungswille und Unabhängigkeit.

Lebensmotiv Gestaltungswille:

Ich ersetze das Lebensmotiv Macht bewusst mit dem Begriff Gestaltungswille. Leider wird das Motiv der Macht zu negativ bewertet. Doch der Umsetzungswille in uns ist für die Arbeitswelt von großem Wert. Ich betrachte das Motiv des Gestaltungswillens als grundlegend für die Führung von Unternehmen und Teams. Gestaltungswille erfordert Standfestigkeit und eine eindeutige Kursvorgabe für Mitarbeiter. Wer in der politischen und organisatorischen Willensbildung tätig sein will, braucht das Lebensmotiv des Machers oder Leiters, um die eigenen Interessen oder die der Interessenvereinigung auch durchsetzen zu können.

Lebensmotiv Unabhängigkeit:

Während die Freiheit als ein Wert gilt, für den viele "Kopf und Kragen" riskieren, ist die Sehnsucht nach Autonomie auf Lebensumstände gerichtet, die als Fessel oder Einschränkung der Handlungsfreiheit empfunden werden. So können starre Richtlinien, Vorgaben von Vorgesetzten oder notwendige Abstimmungen mit Partnern als solche Fesseln betrachtet werden. Das Lebensmotiv der Unabhängigkeit kann sich auf Umstände oder Menschen richten. Der Leiter in uns sucht die Befreiung, um das Richtige für sich und andere umzusetzen. Er sieht sich als Gestalter seines eigenen Schicksals und möchte eigenverantwortlich das eigene Leben meistern. Mehr noch als das Lebensmotiv der inneren Freiheit betrachte ich das Bedürfnis nach Unabhängigkeit als eine Grundvoraussetzung für eine Selbstständigkeit beziehungsweise Laufbahn im Top-Management. Denn damit verbunden ist Selbstverantwortung und der Behauptungswille.

Frage: Welches der beiden Motive trifft auf Sie eher zu? Gestaltungswille oder Unabhängigkeit?

Beschreibung Typ I: Der Friedensstifter

Friedensstifter haben ausgleichende, taktvolle und tendenziell sozial ausgerichtete Bedürfnisse. Menschen mit friedensstiftenden Anteilen werden für ihre Diplomatie, Gelassenheit, Toleranz und Sanftmut geschätzt. Sie schaffen ein Klima des Wohlbehagens.

Sollte der Friedensstifter einer der vier stärksten Typen sein, so entscheiden Sie sich für eines der folgenden Motive. Ihre Lebensmotive sind Gemeinschaft und Harmonie.

Lebensmotiv Gemeinschaft:

Häufig wird von dem Lebensmotiv Familiensinn gesprochen. Der natürliche Nestbautrieb in uns bezieht sich auf das Bedürfnis, Kinder zu bekommen und ein enges Band der Zusammengehörigkeit zu weben. Einen großen Anteil ihrer Lebenszeit wollen Friedensstifter in der Gemeinschaft mit ihren Angehörigen verbringen. Die gesellschaftliche Norm hat sich allerdings ein Stück weit verändert. Familiensinn wird heute von vielen Menschen weiter gefasst und kann sich auf einen festen Freundeskreis oder ein enges Team beziehen. Das Bedürfnis nach einer Gemeinschaft, die Geborgenheit, Zugehörigkeit und Wärme schenkt, ist entscheidend. Der Gemeinschaftssinn kann sich somit auch in der Arbeitswelt zeigen. Der Friedensstifter in Ihnen fördert die Zusammenarbeit und die Kooperation von Arbeitsgruppen. Sie finden in Berufen und Arbeitswelten ein Zuhause, die soziale Interaktion unter den Kollegen ermöglichen.

Lebensmotiv Harmonie:

Menschen mit einem Friedensstifter-Anteil sind das soziale Gewissen in Teams, pflegen die Leichtigkeit im Miteinander und achten auf ein gutes und ausgewogenes Arbeitsklima. Sie haben ein feines Gespür für die Balance, fördern schwächere Teamplayer und entwickeln ein Gespür für den Ausgleich. Man kann sie als gute Seele einer Mannschaft bezeichnen. Sie können von Teams als väterliche oder mütterliche Typen geschätzt werden. In Konfliktfällen kümmern sie sich mit ihrem Wohlwollen um die Interessen der sich gegenüberstehenden Parteien. Überall dort, wo Mediation gefragt ist, sei es zum Beispiel in Kindergärten und Betreuungseinrichtungen, kann dieses Lebensmotiv ein Segen sein.

Frage: Welches der beiden Motive trifft auf Sie eher zu? Gemeinschaft oder Harmonie?

Zusammenfassung

Sie haben für die vier Persönlichkeitstypen mit der höchsten Punktzahl das Hauptmotiv gewählt. Schreiben Sie als nächsten Schritt die Motive Ihrer ersten vier Typen in die folgende Tabelle. Entscheiden Sie im Anschluss, welches Motiv für Sie die größte positive Anziehungskraft hat.

Typen	Motiv im Leben	Reihenfolge

Auf der folgenden Seite sowie am Ende der folgenden Kapitel haben Sie die Möglichkeit, Ihre Erkenntnisse nach und nach in die Kompassgrafik einzutragen, bis Sie am Ende auf ein vollständiges und komplettes Bild blicken, das Ihnen wie ein echter Kompass klar den Weg zu Ihrer Berufung weist.

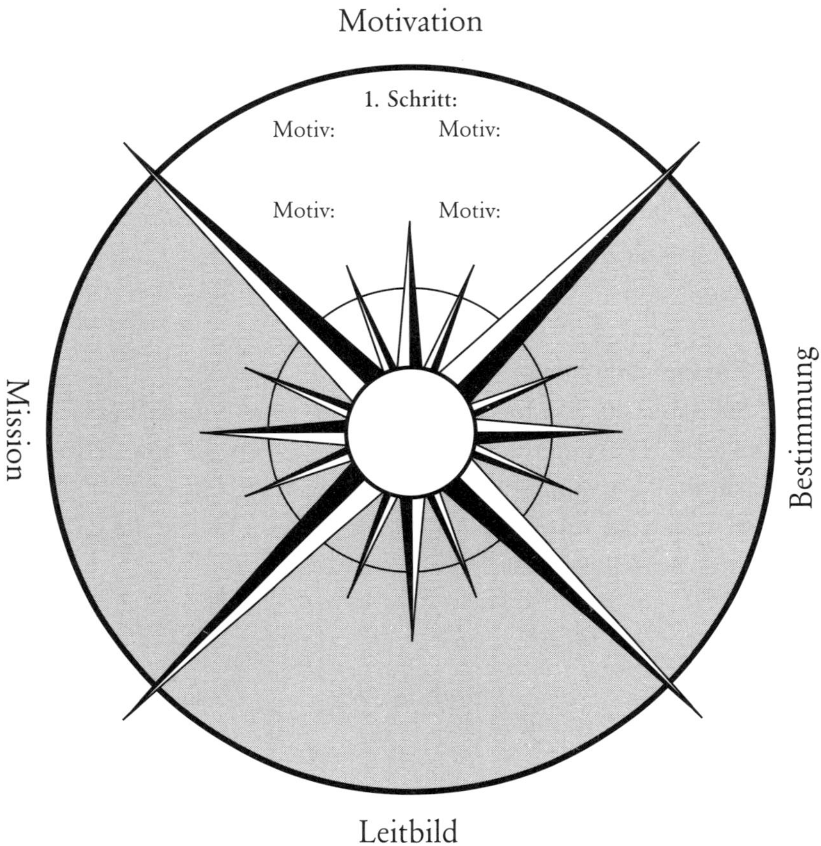
Motivation
1. Schritt:
Motiv:
Motiv:
Motiv:
Motiv:
Mission
Bestimmung
Leitbild

Zweiter Schritt: Erkenne deine Bestimmung

"Der ist der glückliche Mensch, der das Ende seines Lebens mit dem Anfang in Verbindung setzen kann."
(Johann Wolfgang von Goethe)

Wenn wir den großen Mann der deutschen Dichtung richtig verstehen, ist für das Lebensglück die Annahme und die Integration der Vergangenheit von großer Bedeutung. Dieser zum Teil detektivischen Arbeit habe ich im Workshop den Namen "Spurensuche" gegeben, und sie ist für die meisten Teilnehmer des Kurses der mit Abstand anstrengendste Abschnitt. Denn mit dem Wissen um unsere natürlichen Antriebskräfte entdecken wir den Teil in uns, der bis dahin in Vergessenheit Geratenes wiederbeleben soll. Einige von uns fühlen sich dann in ihrem Erinnerungsvermögen blockiert. Manchmal kann sogar die Stimmung kippen, wenn die Teilnehmer sich mit der eigenen Kindheit, den Eltern und der Schulzeit auseinandersetzen sollen. In dem Fall wiederholen Sie - wenn nötig - die Ergebnisse Ihrer Übung "Standortbestimmung". Überprüfen Sie, ob Sie im Augenblick bereits Licht in Ihre Vergangenheit bringen können. So kommt es vor, dass ich zu Beginn einer Outplacement-Beratung eine Pause vorschlage, wenn sich bei der Spurensuche Anzeichen von noch nicht bearbeiteten Verletzungen aus der Vergangenheit zeigen. Schuld- und Schamgefühle benötigen gerade in einer einschneidenden Situation, wie es eine berufliche

Veränderung sicherlich ist, Aufmerksamkeit. Wenn Sie in dieser Situation noch keine Vergebungsarbeit leisten können, ist als nächster Schritt eine Heilungsarbeit ratsam. Da es uns um den nachhaltigen Erfolg geht, sollten Sie sich vor einer abschließenden Weichenstellung die Zeit dazu nehmen.

Starten wir den Blick in den Rückspiegel mit einer Phantasieübung. Es macht Sinn, die Arbeit mit Ihrer Vergangenheit bildhaft zu starten. Halten Sie eine Weile inne und beantworten Sie folgende Frage:

In welchem Haus haben Sie die meisten Jahre Ihres bisherigen Lebens gewohnt?

Wenn Sie bereits in der Lebensmitte stehen, werden in Ihrer Erinnerung viele Häuser erscheinen, in denen Sie gelebt haben. Wählen Sie das Haus aus, mit dem Sie die angenehmsten Jahre verbinden. Stellen Sie sich vor, Sie erhalten Besuch von mir und ich bitte Sie, mit mir gemeinsam in den Keller des Hauses zu gehen. Da Sie mich noch nicht persönlich kennen, werden Sie den Einstieg in den zweiten Erkenntnisschritt etwas merkwürdig finden. Sie sind vorsichtig und bieten mir lieber einen schönen Besucherraum in Ihrem Haus oder in Ihrer Wohnung an. Doch während Sie abwehren, bemerken Sie, dass Sie dem Keller des Hauses keine große Beachtung geschenkt haben. Mit dem Keller verbinden die meisten Menschen die weniger attraktiven Seiten eines Hauses. Er ist das Symbol für das Unansehnliche, Ungeordnete und Verdrängte. Dazu gehören die Erinnerungen an längst vergessene Zeiten. Während die Bilder der Hochzeiten Platz im Wohnzimmer finden, verbleiben die Briefe an die Verflossenen des Lebens im Keller. Doch das Kellergewölbe ist das Fundament des Hauses. Deshalb möchte ich mit Ihnen auf dem Weg zu Ihrer Berufung mutig sein. Sie werden in Ihrem Keller etwas sehr Wertvolles finden, selbst wenn Ihr Keller sehr dunkel und unordentlich sein sollte: Sie gehen hinunter, stellen sich vor

Ihrem geistigen Auge einen Karton vor und den werden Sie jetzt öffnen. Der Rückblick wird Ihre Vision von und Ihre Ideen bezüglich einer glücklichen und erfolgreichen Veränderung unterstützen. Mit den folgenden vier Übungen gehen wir auf Spurensuche und erkennen Ihre Bestimmung:

Übung zu den prägenden Rahmenbedingungen

Jeder Mensch hat manchmal das Gefühl, er sei durch eine fremde Entscheidung in seinen Körper, in sein Familiensystem und in die zeitliche Epoche, in der er lebt, hineingeworfen worden. Mit diesem Gefühl müssen Menschen umgehen lernen. Doch aus Ihrer Identität wird Kraft entstehen. Damit Kraft aus der eigenen Identität entstehen kann, sind die Analyse und die Anerkennung der prägenden Rahmenbedingungen nötig.

Übung zu einem inspirierenden Ereignis

In Ihrem Leben gab es sicher Erlebnisse und Ereignisse, die Sie berührt haben. Wir sprechen von schicksalhaften Erfahrungen, die sowohl negativer als auch positiver Art sein können. Einige Situationen waren so tiefgreifend, dass sie für Sie zu Schlüsselerlebnissen wurden. Sie haben aus diesen Erfahrungen etwas für Ihr Leben lernen können.

Übung zu Ihren großen Erfolgen

Einige Menschen tun sich schwer, wenn sie spontan von ihren gelungenen Taten, geglückten Aufgaben und erfolgreich abgelegten Prüfungen sprechen müssen. Doch bei genauerem Hinschauen hat es sicher auch bei Ihnen bereits eine Menge von Momenten gegeben, die Sie nicht mehr missen wollen oder auf die Sie stolz sein dürfen.

Übung zum Wesenskern

Dem inneren Kind wird in der Berufswelt wenig bis gar keine Beachtung geschenkt. Dabei sind es die kindlichen Anteile und Kindheitsinteressen, die im Erwachsenenalter zu einer Quelle von

Vitalität und Lebensfreude werden können. Sie können zu dem eigentlichen Motor einer glücklichen Veränderung werden.

Prägende Rahmenbedingungen

Wir wollen uns in diesem Kursteil den Determinanten Ihres Lebens zuwenden, die Ihnen Kraft und Sinnorientierung geben. In diesem Abschnitt vom WLS-Sinn-Kompass geht es um die relativ feststehenden Aspekte Ihrer Persönlichkeit:

Sie haben einen unverwechselbaren Körper. Das ist für Ihre Berufung sehr wesentlich. Sowohl Ihr Geschlecht als auch Ihre Statur, Ihre körperlichen Eigenarten etc. spielen für Ihren WLS-Sinn-Kompass eine wichtige Rolle.

Sie sind ein Teil der Menschheitsgeschichte. Wo und wann Sie geboren wurden, welchem Volk Sie angehören und welche Erfahrungen Ihr Volk gemacht hat, hat einen Einfluss auf Ihre Identität. Damit ist auch Ihre religiöse und kulturelle Herkunft gemeint.

Sie sind Teil eines Familiensystems. Ihre weiblichen und männlichen Bezugspersonen und Ihre Vorfahren hatten einen Einfluss auf Ihre Entwicklung. Das ist auch dann wichtig, wenn Sie Ihre leiblichen Eltern gar nicht kennengelernt haben und andere Bezugspersonen hatten.

Körperbewusstsein

Psychosomatische, das heißt seelisch-leibliche Zusammenhänge, werden in der Berufungs- und Visionsliteratur bisweilen nur am Rande gestreift. Doch Menschsein heißt, im Körper zu sein. Geistig-seelische Erkenntnisse sind vom Körper geprägt und umgekehrt. Durch unsere Wellness- und Freizeitkultur leben wir zudem in einem Zeitalter steigenden Körperbewusstseins. Für viele Menschen ist der Körper das Schaufenster ihres Lebens. Die Sorge um ihr Äußeres ist zum zentralen Fixpunkt geworden. Jede hinzugekommene Falte fördert die Angst vor dem Ende der eigenen Schönheit - umso mehr, je mehr man den anerkannten Schönheitsidealen entsprechen will. Auf der anderen Seite ist der Körper der Tempel unserer unsterblichen Seele, so meine tiefe Überzeugung. Die Eigenschaften unseres Körpers, seine Wünsche und Bedürfnisse vermitteln uns wichtige Einsichten.

Deshalb sollten Frauen und Männer bei der Suche nach der Berufung ihre Eigenarten berücksichtigen. Zwar sind das Weibliche im Mann, das Männliche in der Frau und die Integration von beiden Anteilen sinnvoll. Doch wir benötigen bei unserem Rückblick auch die Unterscheidung, das bessere Verstehen des Mannseins und des Frauseins. Gewiss geraten wir dadurch eher in die Gefahr, so erlebe ich es bei Visionstagen mit einer Gruppe von Menschen, uns in gesellschaftliche und politische Diskussionen zu verstricken. Doch um die Berufung wirklich klären und leben zu können, geht es nicht um eine Bewertung des eigenen Geschlechts.

Um die Relevanz dieses Aspekts verständlich zu machen, möchte ich die Geschichte eines Teilnehmers wiederholen, dessen Berufungsthema ich in meinem ersten Buch vorstellte.[3] Dieser Teilnehmer war von Beruf Pfarrer. Er glaubte, in jungen Jahren den inneren Ruf des wahren Selbst zu hören und studierte Theologie. Als seine berufliche Situation nur noch von Stress und Sorge bestimmt wurde, suchte er eine psychologische Gesprächstherapie auf. Sie führte ihn zurück in die Analyse seiner Schulzeit, zu den Fragen der Berufswahl und einer für ihn gesunden Lebensplanung. Er gestand sich ein, dass er für seine Homosexualität in der Institution Kirche einen Rahmen gesucht hatte. So glaubte er, in der Kirche würde es ihm leichter fallen, seine als Sünde verstandenen Wünsche zu verbergen. War es die Stimme Gottes, die ihm damals dazu riet, ein Leben lang auf eine wichtige körperliche Prägung im Leben zu verzichten? Als er mit Hilfe einer Therapie begann, sich zu seiner Sexualität zu bekennen und sich mit ihr von Gott geliebt fühlte, öffneten sich Tore und er hinterfragte seine damalige Berufswahl. Er ging einen beruflichen Weg, der seine Körperlichkeit liebend integrierte.

Komplexe Fragestellungen zu Moral und Ethik können nicht nur den Rahmen von Berufungsworkshops sprengen. Dennoch ist im Sinn von W + L + S an diesem Punkt der Hinweis wichtig, dass zu unserer Lebendigkeit die Sexualität gehört. Sie ist uns geschenkt und gibt uns als Kraft der Natur die Unterstützung und Energie für die notwendige Veränderung. Eine unterdrückte Sexualität kann auf den Beruf projiziert werden und dort zu unangemessenen Entscheidungen führen.

Religiöse und kulturelle Herkunft

Das trifft im gleichen Maße auf unsere gesellschaftliche Situation zu. Während viele Menschen zur Zeit des Kalten Krieges geboren wurden und aufgewachsen sind, wachsen junge Menschen des neuen Jahrtausends in anderen Kräfteverhältnissen auf. So haben zum Beispiel die Anschläge des 11. September die schon bestehende Kultur des Misstrauens unter den Religionen gefördert. Gleichzeitig setzte nach den Terroranschlägen eine weltweite Überwachung von Zivilisten ein. Das sind nur einige wenige Beispiele, die Menschen entweder kalt lassen oder manchmal sogar ein Leben lang prägen.

So gehört zu meiner persönlichen Identität die Erfahrung der gewaltsamen Teilung meines Heimatlandes. Ich wurde nur 18 Jahre nach dem Ende des Zweiten Weltkrieges geboren. Meine Eltern und meine Großmutter konnten wegen der Flucht aus dem anderen Teil Deutschlands ihre berufliche Existenz nicht dort aufbauen, wo sie ihre Kindheit verbracht hatten. Die Mauer und der Stacheldraht, mit denen unser Land vier Jahrzehnte gewaltsam getrennt wurde, war als Mauer und Stacheldraht unmittelbar in unserer Familie zu spüren. Da meine Mutter arbeiten musste, verbrachte ich als kleines Kind viel Zeit mit meiner Großmutter. Sie erzählte mir von dem Verlust ihrer schlesischen Heimat nach dem Ersten Weltkrieg – und dieses Schicksal sollte sich für sie nach dem Zweiten Weltkrieg wiederholen. Wenn sie sich nach unserem Gespräch unbeobachtet fühlte, weinte sie. Die Tatsache, dass ein großer Teil unserer Familie im anderen Teil Deutschlands eingesperrt war, belastete sie sehr. Mein Interesse an Geschichte und Erdkunde als Schüler verband sich mit der spürbaren Spannung in meiner Herkunftsfamilie. Heute weiß ich, dass mein Lebensmotiv Freiheit in enger Verbindung zu meiner unveränderlichen Identität steht. Damit verbunden ist eine tiefe Dankbarkeit für mein Leben, das ohne die Sehnsucht nach Freiheit nicht bestehen würde. So überrascht es mich heute nicht, dass ich in meiner Arbeit freiheitsliebende Menschen ermutige, ihren eigenen Weg zu gehen.

Es kann sein, dass Sie keinen leichten Zugang zu den für Sie relevanten politischen, historischen oder kulturellen Einflüssen finden. Vielleicht finden Sie erst nach längerem Hinschauen einen sehr wesentlichen und prägenden Aspekt. So macht es zum Beispiel einen Unterschied, ob Sie als Frau in einem Land mit überwiegend muslimischer Bevölkerung oder zum Beispiel in Skandinavien aufgewachsen sind. Sie haben dort im Umgang mit ihren Bezugspersonen Erfahrungen gemacht, die wahrscheinlich Ihre Weltanschauung und Ihre Lebensmotive beeinflusst haben.

Familiäre Herkunft

Zu der Visionsarbeit mit meinen Teilnehmern gehört es weniger, die persönlichen Verstrickungen mit ihren Ahnen zu reflektieren. Manchmal entstehen schmerzliche Gefühle, die im Rahmen eines Berufscoachings nicht bearbeitet werden können. So kann es sinnvoll werden, die Spurensuche um eine systemische Aufstellungsarbeit zu ergänzen. Im WLS-Sinn-Kompass ist es das Ziel, die Elemente der Familienkonstellation zu erkennen, die zu einer wertschätzenden Identität beitragen. Ich betone nochmals das Ziel der wertschätzenden Annahme! Denn unser Erbe ist meines Erachtens weder im biologischen noch im geschichtlichen Sinne zu verändern. Wir können und sollten uns zwar mit den Taten unserer Vorfahren kritisch auseinandersetzen. Doch meist resultiert daraus der Vorwurf, unsere Eltern hätten uns nicht ausreichend in unseren Talenten erkannt und gefördert. Wenn der Stachel noch zu tief sitzt, ist die wertschätzende Auseinandersetzung an diesem Punkt nicht möglich. Gibt es im beruflichen Erneuerungsprozess die Zeit, Heilungsarbeit zu leisten, fahren Sie hier anschließend fort. Sollte die Zeit dazu nicht vorhanden sein, sollten Sie die Übung überspringen.

Erlauben Sie mir dennoch eine persönliche Stellungnahme: Störungen im Elternhaus haben die meisten von uns erleben müssen. Es ist das Verdienst der heutigen psychologischen Wissenschaft und Psychotherapie, großes persönliches Leid zu lindern, das aus familiären Störungen erwachsen kann. Doch ich bin fest davon überzeugt, dass es selten nur mit Psychologie alleine zur Befreiung von den sogenannten Familienstörungen kommt. Stattdessen braucht es einen Weg der Vergebungsarbeit. Die Vergebung macht das Leiden nicht ungeschehen. Sie macht allerdings auf einer anderen Ebene einen neuen Anfang möglich. Das lässt mit der Zeit die hellen Seiten der familiären Prägung sichtbar werden.

Praxisfall

Carsten hatte eine sehr unbeschwerte Vergangenheit. Mit Selbstironie konnte er seine schwäbischen Wurzeln annehmen. Die Sparsamkeit und Bodenständigkeit gehörten zu seinen Vorfahren. Seine Eltern waren Akademiker und sein Vater in einem technischen Beruf zu Hause. Als Kind bewunderte er seinen Vater. Mit seiner Mutter machte er gerne die Hausaufgaben. Sie hatten ein lebendiges Verhältnis zur Bildungskultur. So ging Carsten gerne in die Schule und war ein wissbegieriger Mensch. "Das Lernen in der Schule fiel mir leicht, und so unterstützte ich oft schwächere Mitschüler. Ich spielte den Nachhilfeunterricht nach, den meine Mutter mit mir führte. Die Schule war ein Ort, an dem ich mich so wohlfühlte, dass ich zum Klassen- und später zum Schulsprecher gewählt wurde." So konnte Carsten durch Erfahrung bestätigen, dass sein Gestaltungs- und Einsatzwille schon als kleiner Junge existierte.

Übung: Die prägenden Rahmenbedingungen

Nehmen Sie ein paar leere Blätter zur Hand, und beschäftigen Sie sich mit den folgenden Fragekomplexen. Alles, was Ihre prägenden Rahmenbedingungen ausmacht, sollten Sie in Stichworten aufschreiben. Allerdings sollten Sie nur das notieren, womit Sie sich heute gerne identifizieren. Ihre Identität ist das, was zu Ihnen gehört, immer zu Ihnen gehören wird und womit Sie sich im Augenblick sehr wohlfühlen. Am Ende haben Sie ein Blatt mit vielen ungeordneten Stichworten, die für Sie, und zwar im positiven Sinne, prägende Rahmenbedingungen sind.

Fragenkomplex zu den prägenden Rahmenbedingungen

Frage 1: Wie geht es Ihnen mit Ihrer Männlichkeit oder Weiblichkeit? Welchen Stellenwert hat für Sie Ihre Sexualität? Was ist Ihnen an Ihrem Körper wichtig? Sind Sie zum Beispiel dankbar für Ihre schlanke, sportliche oder attraktive Erscheinung? Welche typisch männlichen oder weiblichen Attribute schätzen Sie an Ihrem Körper? Wann fühlen Sie sich in Ihrem Körper wohl?

Frage 2: Fühlen Sie sich mit einer bestimmten Nation oder Kultur emotional verbunden? Beschreiben Sie in wertschätzenden Worten, was Ihnen ein Gefühl von Zugehörigkeit vermittelt. Gibt es Aspekte Ihrer Landsleute, die Sie besonders geprägt haben? Sie wurden wahrscheinlich in Ihrer Kindheit nach den Werten, Normen und Regeln einer Glaubensgemeinschaft, Religion oder Weisheitslehre erzogen. Welche Aspekte davon sind Ihnen heute noch wichtig?

____

____

____

____

Frage 3: Was wissen Sie über Ihre Familie? Wo wurden Ihre Eltern und Großeltern geboren? Gibt es Berufsbilder, die in Ihrer Familie häufiger vorkommen? Gibt es eine Tradition, die Sie schätzen? Haben einige Ihrer Familienmitglieder ein besonderes Schicksal erfahren? Haben Sie von Familiengeschichten gehört, an die Sie sich gut erinnern können? Notieren Sie die Stichpunkte, die berühren oder berührt haben. Worauf sind Sie stolz?

____

____

____

____

Frage 4: Nehmen Sie sich Zeit für Ihr väterliches Erbe. Zu welchem Mann hatten Sie in Ihrer Kindheit einen väterlichen Bezug? In der Regel ist es der leibliche Vater. Doch Sie können auch eine andere Bezugsperson wählen, zum Beispiel den Großvater, den Pflegevater, ... Welche positiven Eigenschaften hat er Ihnen vermittelt? Gibt es Interessen, die Sie teilen? Was möchten Sie im Leben noch erreichen, was er bereits erreicht hat?

Frage 5: Nehmen Sie sich Zeit für Ihr mütterliches Erbe. Zu welcher Frau hatten Sie in Ihrer Kindheit einen mütterlichen Bezug? In der Regel ist es die leibliche Mutter. Doch Sie können auch eine andere Bezugsperson wählen, zum Beispiel die Großmutter, die Pflegemutter, ... Welche positiven Eigenschaften hat sie Ihnen vermittelt? Gibt es Interessen, die Sie teilen? Was möchten Sie im Leben noch erreichen, was sie bereits erreicht hat?

Auswertung

Sie haben einige Stichwörter gesammelt und positive Erinnerungen an Ihre Vorfahren sowie bedeutende Ereignisse aus der Familiengeschichte geweckt. Sie haben sich einige körperliche Merkmale notiert, für die Sie dankbar sind.

1. Schritt:
Markieren Sie mit einem Buntstift all die Wörter auf Ihren Blättern, die eine Relevanz für Ihr Leben haben oder wieder bekommen dürfen.

2. Schritt:
Spüren Sie, welche der Stichworte sehr wohltuende Gefühle in Ihnen wecken. Bitte bewerten Sie die entstehenden Gefühle nicht. Markieren Sie die im ersten Schritt ermittelten Wörter mit einem weiteren Buntstift, sofern sie eine positive Stimmung bei Ihnen auslösen.

3. Schritt:
Betrachten Sie die Wörter, die von Ihnen zwei bunte Markierungen erhalten haben. Bitte entscheiden Sie jetzt: Welches Wort entwickelt für Sie die größte positive Energie?

Tragen Sie dieses Wort nun im folgenden Kasten ein!

Das inspirierende Ereignis

Viele Karriereberatungen starten mit einer ausführlichen Potenzialanalyse. Eine auf Kundennutzen angelegte Beratung konzentriert sich auf Strategien, die mögliche unansehnliche Lücken im Lebenslauf gar nicht erst erkennen lassen. Für die klassische Bewerberauswahl sieht man schließlich nur wenige Minuten vor, und deshalb kommt man zu dem fraglichen Fazit: "Im Marketing kommt es auf die Schokoglasur an!"

An dieser Stelle möchte ich nicht übermäßig zynisch mit den Beraterkollegen umgehen, die sich weitgehend dem konventionellen Personalmarketing verschreiben. Ein gutes Maß an Imagearbeit gehört zweifelsohne zum Geschäft. Doch verkennen die meisten auf Inszenierung ausgerichteten Bewerbungsberater, dass die Schwerstarbeit, die ein Mensch im Vorfeld leistet, später die nachhaltigere Wirkung erzeugt. Wir brauchen uns unserer Schwächen und Pechsträhnen im Veränderungsprozess nicht zu schämen. Menschen mit Substanz, und die gibt es auf der Seite Ihrer zukünftigen Kundschaft oder in den Personalabteilungen Ihrer nächsten Arbeitgeber in Fülle, wissen längst, worauf es ankommt. Sie wissen, dass kaum ein reifer Berufstätiger, jenseits nachträglich geschönter Bewerbungsunterlagen, über einen lückenlosen Lebenslauf verfügt.

Werfen wir stattdessen einen mutigeren Blick auf die scheinbaren Knicke im Lebenslauf. Wählen wir im Workshop lieber die Zitronen, die wir zu Zitronenlimonade verwandelt haben. Die Zitronen, die wir in Zitronenlimonade verwandelt haben, sind häufig die Geschichten, die unsere Lebensmotive bestätigen.[4] Es sind Erfahrungen, die sich zunächst wie die Nackenschläge des Schicksals anfühlten, um dann im Anschluss zu den eigentlichen Wegweisern zu werden. Aufrichtige kleine Geschichten mit Herz machen Sie zu einer interessanten Persönlichkeit. Ihre kleinen Geschichten mögen nicht die ganze Welt verändern. Kleine Geschichten verändern allerdings Sie selbst, so wie mich eine kurze Erfahrung veränderte, die sich an einem warmen Pfingstwochenende ereignete. Als meine Tochter noch ein sehr kleines Mädchen war, saßen wir zu zweit in einer kleinen Krankenhauskapelle und bangten um die Gesundheit ihrer Mutter und meiner Frau. Was ist Besonderes an einer Situation, die wir alle erleben, wenn wir uns um die Gesundheit eines geliebten Menschen sorgen?

Meine Partnerschaft und unsere kleine Familie hatten für mich bis zu diesem Ereignis einen erklärt hohen Stellenwert. Meine Frau wurde danach wieder gesund. Meine Tochter und ich sprachen seit diesen wenigen Minuten in der kleinen Kapelle nur noch ganz selten darüber. Was in ihr vorging, blieb ihr Geheimnis. In dieser kurzen Zeit, die zu einer gefühlten Ewigkeit wurde, weil jede Kontrollmöglichkeit wegfiel, fand ich aber zu einer inneren Haltung, die ich zuvor nicht hatte und danach auch selten wieder in dieser Kraft spürte. Ich nenne es Demut, die ich durch diese Erfahrung kennenlernte und die mir zu einem besonderen Wert wurde. Das Wort kannte ich, den Sinn hinter dem Wort ebenso, aber ich brauchte die Erfahrung, um das Wort mit Leben füllen zu können. Diese Form von Erfahrung mag für den einen sehr schwer, für den anderen äußerst privat klingen. Demut wurde jedoch zu einem Wert, den ich durch diese Erfahrung im Krankenhaus in meinem WLS-Sinn-Kompass vermerkt wissen will. Begegnet mir in mir Hochmut, und das kommt immer noch vor, weiß ich mich zu erinnern. Ein Kompass hilft auf dem Weg. Ein Kompass ist allerdings nie das Ziel!

Je nach Persönlichkeit, können bestimmte Ereignisse zu einer Entscheidung oder Werteausrichtung inspiriert haben. Andere Menschen haben ähnlich Erlebnisse durchlebt und wundern sich über die Bedeutung, die ich einer Erfahrung dieser Art zumesse. Das ist vollkommen natürlich, und ich bitte Sie, nur Ihre eigenen Erfahrungen als vollkommen wichtig zu betrachten. Es ist selbst bei unseren besten Freunden und Angehörigen nicht immer möglich, einen nachvollziehbaren Zugang zu ihren Werten zu finden. Ich wünsche Ihnen an dieser Stelle einfach den Mut, auch die scheinbar sinnlosen schmerzhaften Ereignisse Ihres Lebens in Betracht zu ziehen. David Steindl-Rast hat es für mich treffend ausgedrückt, indem er schreibt, dass selbst Ereignisse, die allen Sinn infrage stellen, Tore zum Glauben werden können.[5]

Sie erkennen, weshalb wir im WLS-Sinn-Kompass mit Ihren Lebensmotiven angefangen haben. Die Wahrhaftigkeit und die Tiefe Ihrer Lebensmotive kann sich in den Tiefschlägen Ihres Lebens oder an Ihren größten Glückstagen offenbart haben. Wenn wir im Berufungsprozess nur auf unsere Sonnenseiten schauen, und viele meiner Kollegen aus Berufs- und Karriereberatung legen darauf besonderen Wert, bleiben wir weiter an der Oberfläche. Wir verstärken längst vorhandene Denk- und Handlungsroutinen und bleiben blind für die lebensverändernde Alternative. Gleichzeitig wirken wir im späteren Verkaufsprozess unserer Berufung hohl und nicht glaubwürdig. Wir können das Skript, das unsere Einstellung und Haltung zu den Fallstricken der Vergangenheit und Gegenwart beinhaltet, neu schreiben. Schicksalsschläge wie Krankheiten, Trennungen, ein Scheitern, der Verlust des Arbeitsplatzes oder eine nicht bestandene Prüfung können so eine Gelegenheit sein. Filtern wir, was wir aus diesen Erfahrungen gelernt haben, heraus, wird genau das möglicherweise zu einem schlagenden Verkaufsargument.

Der Praxisfall

Carsten war über einen sehr langen Zeitraum als Führungskraft tätig, als sein innerer Mentor über wachsende Gefühle von Einsamkeit anklopfte. Er blickte auf ein unterstützendes Elternhaus, eine reiche Kindheit und spannende Aufbaujahre zurück. Aber irgendetwas fühlte sich bei ihm schon lange wie eine Sinnkrise an: "Es dauerte einige Zeit, bis ich an meine Gefühle kam. Es erfüllte mich mit Unruhe, dass die Menschen nicht wussten, wie es mir damit ging. Ich litt unter den Verjüngungskuren in meinem früheren Unternehmen. Seit meinem vierzigsten Geburtstag war der innere Druck gewachsen, und ich reagierte sensibler auf den Wettbewerb unter den Kollegen. Durch Umstrukturierungsmaßnahmen wurden meine Gestaltungsspielräume enger. Die gelebte Firmenphilosophie entsprach nicht meinen eigentlichen Werten. Ich fühlte mich zunehmend, als würde ich in meinen äußeren Umständen stecken bleiben. Erst als ich mich dazu bekannte, nicht wirklich zu wissen, was ich tatsächlich will, änderte sich mein Bild. Ich erkannte, dass es mir an Ehrlichkeit mir und anderen gegenüber mangelte. Die Ehrlichkeit war mir früher sehr wichtig gewesen. Ein neues Aufgabengebiet mit einem ethischen Wertekodex würde mir helfen können, wieder mehr Selbstachtung zu haben."

Übung: Ein inspirierendes Ereignis

In diesem Übungsteil suchen Sie wieder einen ruhigen Ort auf. Bitte nehmen Sie sich mindestens eine Stunde Zeit, um sich mit möglichen wegweisenden Ereignissen zu beschäftigen.

Sammeln Sie zunächst die Ereignisse, aus denen Sie viel für Ihr Leben gelernt haben. Es können auch persönliche Erlebnisse sein, die einen Wert, eine Überzeugung oder eine Weltanschauung von Ihnen bestätigt haben. Dabei können es genauso positive wie negative Ereignisse gewesen sein. Wichtig ist, dass das Ereignis Sie ein Stück weit geformt hat.

Fragenkomplex:

Frage 1: Welche Erfahrungen in Ihrem Leben haben einen tiefen Eindruck bei Ihnen hinterlassen? Notieren Sie spontan einige positive und negative Ereignisse. Notieren Sie lediglich Stichwörter!

⊖ Scheitern im Referendariat ⊕ Geburt v. Firmine
Trennung von Nathi v. Raphael
Tod von Raphael v. Leonie
Scheidung der Ehe

Frage 2: Welche dieser Erfahrungen haben Sie sehr glücklich gemacht? Es sollten Erfahrungen sein, von denen Sie heute noch zehren. Notieren Sie lediglich wieder Stichwörter!

Schwestern, Kinderzeit, Glück
fühlende Liebe mit Tränen

Frage 3: Welche dieser Erfahrungen haben Sie negativ berührt, enttäuscht, verärgert oder sehr traurig gestimmt? Notieren Sie lediglich Stichwörter!

Frage 4: Aus welcher dieser Erfahrungen haben Sie am meisten gelernt? Welche dieser Erfahrungen hat Sie Ihrer Meinung nach am nachhaltigsten geprägt? Notieren Sie lediglich Stichwörter!

Frage 5: Stellen Sie sich vor, Sie berichten einem sehr guten Freund von dieser Erfahrung. Sie möchten ihm diese Gefühle von Glück, Furcht, Zorn und so weiter verständlich machen. Welche Emotion wollen Sie vermitteln?

Trauer, Verletzung, Gefühl von
Nicht-gut-genug sein
Versagen Misserfolg Ungerechtigkeit
Nicht verstehen warum man nicht
geliebt wird

Frage 6: Wenn Sie diese Erfahrung als persönliche Geschichte niederschreiben würden: Welchen zentralen Wert, welche kräftigende Eigenschaft oder tragende Erkenntnis soll zur Botschaft dieser Erfahrung werden?

Ich bin viel wert

Auswertung

Sie haben sich mit den Erfahrungen auseinandergesetzt, die für Ihr Leben von besonderer Bedeutung sind. Sie haben sich für ein Ereignis entschieden. Die Erfahrung hat Sie erregt und Sie haben sie verarbeitet. Das Leben selbst hat sie durch dieses Erlebnis etwas gelehrt. Seit diesem Zeitpunkt haben Sie das Gefühl, das eindeutige Recht erworben zu haben, darüber glaubwürdig sprechen zu können. Würden Sie es tun, könnten Ihre Zuhörer die Botschaft nachvollziehen. Selbst wenn das Ereignis ein sehr persönliches Thema darstellt und Sie es nur mit wenigen Menschen teilen: Wählen Sie die Erfahrung, die für Sie von sehr großem Wert ist. Bitte benennen Sie nun mit einem einzigen Schlagwort eine Charaktereigenschaft, einen persönlichen Wert oder eine Überzeugung, die von diesem Ereignis für Ihr ganzes Leben ausgeht. Tragen Sie dieses zentrale Kraftwort in den folgenden Kasten ein:

Ihr zentrales Kraftwort:

Selbstwert

Ihre großen Erfolge

Sie haben bei den bisherigen Erkenntnisfragen bemerkt, dass es im Ansatz Work-Life-Sense nicht um die Bestmarken, den Wettbewerbsvorteil oder das Außergewöhnliche geht. Die Antworten, die Sie sich selbst geben, mögen Sie in erster Linie in Ihre eigene Freude und den inneren Reichtum führen. Nur Sie selbst können definieren, was Erfolg und Glück für Sie bedeuten. Dabei kann Ihnen folgende Frage helfen:

Wann haben Sie ein großes Gefühl von Dankbarkeit für einen persönlichen Erfolg verspürt?

Das Einüben von Dankbarkeit kann zu einem persönlichen Wendepunkt werden. Danken erleichtert das Eintreten in einen neuen Bewusstseinszustand und schafft eine gesunde Grundlage für eine Veränderung. Ich meine in diesem Kontext nicht den guten Ton, zu dem sich höfliche Menschen in ihren Umgangsformen verpflichtet fühlen. Dankbarkeit ist eine spirituelle Dimension, die aus echter Glaubensarbeit und Selbsterkenntnis erwächst.

Der Praxisfall

Carsten erkannte während seiner Visionstage seine Gaben und Geschenke. Natürlich kommt man in einem Outplacement auf Zeugnisse und Beförderungen zu sprechen. Bei der Frage, wo große Dankbarkeit und Lebendigkeit entstanden, erinnerte er sich an ein Projekt, das seinen Arbeitgeber viele Millionen Euro an Projektaufwand kostete. An einem kritischen Punkt musste das Projektteam Sondereinsätze fahren, weil ein Misserfolg dem Unternehmen beinahe große Schwierigkeiten bereitet hätte. Dieser kräftezehrende Einsatz dauerte einige Monate. Für die Projektmitglieder gab es über einen längeren Zeitraum Zusatzschichten an Wochenenden und Feiertagen. Während die Kollegen an ihre physischen Grenzen kamen, verfügte Carsten über körperliche Kraftreserven.

Er fühlte Dankbarkeit für sein Durchhaltevermögen und die Kraft, mit der die Natur ihn ausgestattet hatte. Ohne seine enorme Willenskraft und die Fähigkeit, andere Projektmitglieder zu motivieren, wäre diese Mammutaufgabe nicht bewältigt worden. Für seine Familie und seine Partnerschaft war es eine Phase mit hoher Belastung. Doch das Ergebnis stimmte ihn sehr zufrieden, und das Unternehmen zeigte sich gegenüber dem Projektteam dankbar. Diese kurze Geschichte machte Carsten klar, dass er mit Nachdruck und guter Physis große Herausforderungen bewältigen kann. Es war ihm schon während seines Studiums möglich, mit sehr wenig Schlaf auszukommen. Ihm wurde bewusst, dass es nicht selbstverständlich ist, von Haus aus über eine stabile Gesundheit und über ein gutes Nervenkostüm zu verfügen.

Übung: Ihre großen Erfolge

Nehmen Sie sich eine Stunde Zeit und betrachten Sie Ihren Lebenslauf. Widerstehen Sie dem Versuch, ihn ausschließlich durch die Brille der Leistungsbewertung zu betrachten. Nehmen Sie sich wieder ein paar leere Blätter und notieren Sie die Erfolgserlebnisse, die Sie mit Dankbarkeit verbinden:

Frage 1: Stellen Sie sich vor, Sie hätten die Möglichkeit, ein vollkommen neues Leben zu beginnen. Sie hätten die Erlaubnis, berufliche und schulische Misserfolge ungeschehen zu machen. Sie dürfen allerdings einige Ihrer großer Erfolge, Schul- und Hochschulabschlüsse, Zertifikate, Vermögen etc. in ein neues Leben mitnehmen. Auf welches persönliche, materielle und immaterielle Inventar möchten Sie in Zukunft zurückgreifen können?

Frage 2: Sie haben sicher einige Ihrer Qualifikationen im Kopf. Erinnern Sie sich an Situationen, Aufgaben und Prüfungen, die in Ihnen überraschende Kräfte freigesetzt haben? Sie haben Energien entwickelt! Listen Sie einige Ereignisse und/oder Lebensleistungen auf.

____

____

____

____

Frage 3: Welches dieser Themen oder Ereignisse hat einen starken Einfluss auf Ihr Selbstbild? Heute sind Sie noch stolz auf diese Leistung, entwickeln Dankbarkeit für dieses Geschenk und/oder Sie sehen darin einen wichtigen Baustein in Ihrer persönlichen Entwicklung.

____

____

____

____

Frage 4: Sie spüren, dass mit diesen Punkten Ihre Definition von Erfolg verbunden ist. Erfolg ist dort, wo Sie tiefe Dankbarkeit spüren. Sie haben gewisse Ziele erreicht und konnten sie bis zum heutigen Tag in Ihrem Herzen bewahren. Welche der Punkte zählen Sie dazu?

____

____

____

____

Frage 5: Wählen Sie nun einen wichtigen Punkt Ihres beruflichen Weges, der für Sie den größten Wert hat. Möglicherweise ist dieser Punkt für Sie so wertvoll, dass Sie ohne ihn auf keinen Fall einen Neuanfang wagen würden. Vielleicht spüren Sie sogar, dass Sie sich damit sehr wohlfühlen oder dass diese Gabe ein wichtiger Baustein für Ihre Berufung sein könnte.

____

____

____

____

Auswertung

Sie haben Ihr Blatt beziehungsweise Ihre Blätter mit Stichwörtern zu Ihren Erfolgserlebnissen im Leben gefüllt. Entscheiden Sie nun, bei welchem Ereignis, bei welchem Geschenk oder bei welchem Erfolg Sie heute die größte Dankbarkeit spüren. Tragen Sie dieses Wort in den Kasten ein!

Ihr Erfolg/Ihr Geschenk:

Wesenskern

Neale Donald Walsch, ein weltweit bekannter Autor, hat in einem Bestseller bezweifelt, dass wir Menschen mit einer Tafel auf die Welt kommen, auf der steht, wozu wir bestimmt sind.[6] Er mag recht haben, wenn er damit einen starren Lebensentwurf oder ein feststehendes Berufsbild meint. Meiner Ansicht nach sind wir nur mit einem bestimmten Auftrag auf diese Welt gekommen. Und dieser Auftrag heißt für Sie und für mich, so viel kindliche Freude wie nur möglich in unserem Leben zu entfalten. Je mehr Kindheitsträume in unserem Erwachsenendasein tatsächlich Raum zum Leben erhalten, desto größer ist unsere Chance auf seelische Gesundheit. Mir ist bewusst, dass das für manchen Experten eine kühne Behauptung ist. Doch ich bleibe dabei: Die Kindheit ist eine Zeit voller Wunder, Paradoxien und gewaltiger Phantasien. Wenn Sie mit Ihren kindlichen Träumen und Interessen in Berührung kommen, fühlt sich das wie Heimat an. Sie erkennen, dass Sie längst mit Ihrer Berufung in Berührung gekommen sind. Denn es kann Sie nicht wirklich etwas berühren, was Sie nicht schon längst irgendwann in der Kindheit berührt hat. Das muss nicht unbedingt das Wesen Ihres augenblicklichen Berufes verändern. Doch Ihr Beruf muss Freundschaft mit Ihrer Identität schließen. Umgekehrt kann ein wiedererstarktes inneres Kind Ihnen die Kraft zurückgeben, die Sie in Ihrem momentanen Wirken so vermissen.

Der Praxisfall

Carsten wollte als Kind immer Lehrer werden. “Soll ich nun im Alter von 45 noch einmal mit einem Pädagogikstudium anfangen?”, fragte Carsten mit zynischem Ton nach den Ergebnissen der folgenden Übung. Denn die Ergebnisse verdichteten sich bei Carsten. Schon in den vorherigen Übungen zeichnete sich ab, dass das Lernen, die Bildung und die Wissensvermittlung zum Wesenskern von Carsten gehören. Nicht selten ist das der zentrale Vorbehalt, den mir Teilnehmer in den mittleren Jahren entgegenhalten. So entsteht die Vorstellung, dass die Beschäftigung mit der eigenen Kindheit dazu verleiten könnte, einen radikalen Neuanfang als einzige Lösung für die berufliche Neuorientierung zu sehen. Als Maßstab gelten dann Spätberufungen, wie die von Stefan Oster. Der Hobby-Clown wird zunächst Journalist. Relativ spät entscheidet er sich für ein Studium der Theologie und Philosophie und wird Mitte 30 zum Priester geweiht. Mit 48 wird er der jüngste Bischof von Passau. Für die

Mehrheit der Berufstätigen ist der Weg zur Erfüllung jedoch ohne Tabula rasa viel leichter zu gehen. Oder anders ausgedrückt: Wenn man die Botschaften des inneren Kindes mehr als ein Symbol würdigt, braucht man nicht unbedingt einen Ausstieg, um der eigenen Berufung gerecht zu werden. Und so war es auch bei Carsten. Carsten erkannte, dass in seinen Kindheitsinteressen ein Hinweis auf die Branche liegt, in der er zukünftig arbeiten würde.

Übung: Wesenskern

Versetzen Sie sich in das kleine Kind, das Sie im Alter von neun Jahren waren. Nehmen Sie sich einige leere Blätter und beantworten Sie folgende Fragen:

Frage 1: Sie starten in Ihr ideales Kinderjahr! Sie sind im neunten Lebensjahr und freuen sich über Ihren ersten Ferientag im Sommer. Ihre Eltern, Bezugspersonen und/oder Geschwister sind nicht zu Hause. Sie haben einen freien Tag und genießen es, die Wahl zu haben. Stimmen Sie sich ein in die Wünsche Ihres inneren Kindes. Werden Sie zu Hause bleiben? Werden Sie den Tag lieber in der Natur verbringen? Zieht es Sie in die nächste Stadt? Notieren Sie die wichtigsten Punkte, die für Sie an einem ersten Tag in den Sommerferien nicht fehlen dürfen.

____

____

____

____

Frage 2: Es geht jetzt um das Wohlgefühl Ihres inneren Kindes. Kinder sind sehr vielseitig. Dennoch: Überlegen Sie sich bitte, welche Konstellation an Ihrem ersten Ferientag besonders angenehm wäre. Möchten Sie mit sich alleine sein und sich ganz einem

Hobby hingeben? Möchten Sie Ihren besten Freund/Ihre beste Freundin in der Nähe wissen? Sind Sie lieber in einer kleinen oder in einer großen Gruppe unterwegs? Ist Ihr inneres Kind eher ein Kleingruppen, ein Großgruppen- oder ein Dialogkind? Oder ist es ein eher auf sich selbst konzentriertes Kind?

Frage 3: Sommerzeit ist für viele Kinder Reisezeit. Viele fiebern schon im Frühjahr dem Urlaub entgegen, und sie freuen sich auf die gemeinsame Zeit mit den Eltern. Andere Kinder freuen sich auf die Reise mit den Pfadfindern oder mit einer Jugendgruppe. Wiederum andere sind lieber zu Hause. Wie war es bei Ihnen? An welche Urlaube in der Kindheit haben Sie die angenehmsten Erinnerungen?

Frage 4: In den Sommerferien hatten Sie die Möglichkeit, verstärkt Ihrem Hobby und Ihren sportlichen Interessen nachzugehen. Vielleicht war diese Sportart oder Ihr Hobby auch ein gemeinsames Interesse in Ihrer Familie? Bitte notieren Sie alle Aktivitäten, denen Sie als Kind viel Zeit gewidmet haben.

Frage 5: Denken Sie wieder an Ihre Motive im Leben. Haben Sie den Eindruck, dass Sie schon als Kind diese inneren Antriebsmomente gespürt haben? Welchen Interessen und Neigungen sind Sie bereits als Kind gefolgt?

____

____

____

____

Frage 6: Manchmal entwickeln Kinder eine besondere Begabung. Sie können sich bestimmte Dinge gut merken oder haben eine besondere Sammelleidenschaft. Sie können sich beim Spielen vergessen ... Lassen Sie vor Ihrem geistigen Auge Ihr früheres Zuhause sichtbar werden. Listen Sie auf, was Ihnen damals besonders viel Freude gemacht hat.

____

____

____

____

Frage 7: Leider hatten auch Ihre Ferien in der Kindheit einmal ein Ende. Aber einige Kinder gehen gerne zur Schule, während andere es als unangenehme Pflicht empfinden. Wie war es bei Ihnen? Gab es Tage, an denen Sie gerne zur Schule gegangen sind? Denken Sie an Ihren Stundenplan – auf welche Schulfächer haben Sie sich gefreut? Welche Schulfächer haben Sie ohne viel Mühe und mit Interesse verfolgt? An welche freiwilligen Aktivitäten erinnern Sie sich gerne?

____

____

____

____

Frage 8: Weihnachtszeit ist Kinderzeit! Denken Sie zurück an die Zeit, als Sie voller Vorfreude waren. Welche Sinne wurden in Ihrer Kindheit zur Weihnachtszeit besonders angesprochen? Waren Sie fasziniert vom Lichterglanz in den Städten? Liebten Sie die besondere Atmosphäre? Wurden Sie eher durch Geschichten inspiriert? Spürten Sie in dieser Zeit, dass Sie die Musik schätzen? Freuten Sie sich auf die Zeit mit der Familie? Welche Wünsche standen besonders häufig auf Ihrem Wunschzettel? Listen Sie auf, was Ihr inneres Kind mit der Weihnachtszeit verbindet.

Frage 9: Viele Kinder sind voller Enthusiasmus und voller Träume. Sie bewundern große Sportler, Entdecker, Musiker oder Filmschauspieler. In den ersten Jahren unseres Lebens identifizieren wir uns auch stark mit den Berufen unserer Vorbilder. Welche Menschen und ihre Leistungen haben Sie als Kind besonders begeistert?

Frage 10: "Wenn ich einmal groß bin ...!" Das ist ein Satz, den die meisten Kinder gerne sagen. Viele freuen sich auf ihren Geburtstag, und manchmal durften wir unsere Geburtstage mitgestalten. Erinnern Sie sich an einen idealen Kindergeburtstag. Haben Sie sich aktiv an der Vorbereitung beteiligt? Womit verbindet Ihr inneres Kind Ihren perfekten Geburtstag?

____

____

____

____

Auswertung

Sie haben hoffentlich einige Blätter mit verschiedenen Interessen, Leidenschaften, schönen Begebenheiten und Ereignissen aus Ihrer Kindheit gefüllt. Einige Interessen sind typische Beschäftigungen eines Kindes. Doch Sie haben während der Übung gespürt, dass es Themen und Aktivitäten gibt, die Sie mit in die Erwachsenenwelt genommen haben.

1. Schritt:
Markieren Sie mit einem Buntstift all die Wörter auf Ihren Blättern, die noch eine Relevanz für Ihr heutiges Leben haben.

2. Schritt:
Während Sie die Fragen beantwortet und die Stichworte notiert haben, kamen hoffentlich sehr wohltuende Erinnerungen hoch. Sie fühlten sich bei einigen Wörtern erregt oder ganz einfach positiv berührt. Markieren Sie die im ersten Schritt ermittelten Wörter ein zweites Mal mit einem anderen Buntstift.

3. Schritt:

Betrachten Sie die verbliebenen Wörter, die von Ihnen zwei bunte Markierungen erhalten haben. Diese ausgewählten Wörter können Hobbys, Interessen, Lieblingsorte, Personen etc. sein. Jetzt entscheiden Sie sich für ein Wort, von dem die größte Kraft auf Ihr heutiges Leben ausgeht:

____

____

____

____

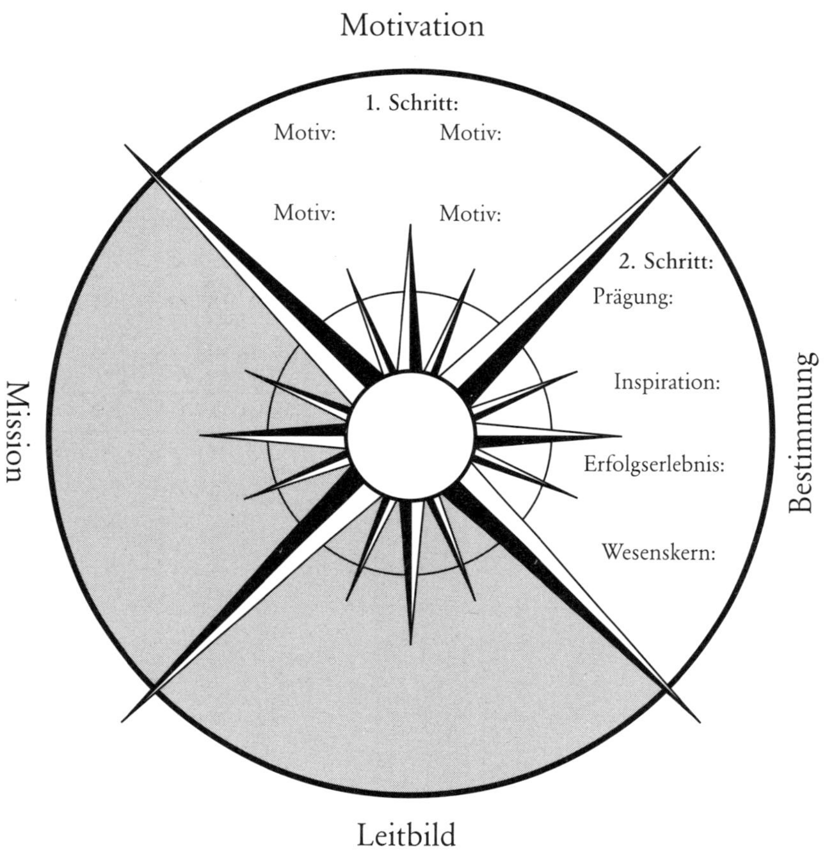
Motivation
1. Schritt:
Motiv:
Motiv:
Motiv:
Motiv:
2. Schritt:
Prägung:
Inspiration:
Erfolgserlebnis:
Wesenskern:
Bestimmung
Mission
Leitbild

Dritter Schritt: Erkenne dein Leitbild

"Glück ist die Folge einer Tätigkeit. Trägheit macht unglücklich."
(Aristoteles)

Auf dem Weg zur beruflichen Neuorientierung ist das Ziel ein starkes Leitbild, es verspricht Glück, Zufriedenheit und Liebe. Der erste Schritt, die Beschreibung der Motivationsstruktur, behält bei den folgenden Übungen einen entscheidenden Stellenwert. Es ist tatsächlich wie eine Puzzlearbeit, die Geduld erfordert. Die Erkenntnisse des zweiten Schritts, die vier wichtigsten Punkte aus der Vergangenheit, gehen ebenso in die Entdeckung des Leitbildes ein. Beide Arbeitsschritte zeichnen bereits jetzt gute erste Konturen des Leitbildes.

Doch wie sieht es mit Ihrer Stimmung aus? Hat sich während der Spurensuche ein Gefühl von Freude gezeigt? Manchmal scheint es so, als wolle die Freizeitwirtschaft uns glaubhaft machen, das persönliche Glück wäre eher ein Ziel, das man mit Trägheit erreichen könne. Die Medien transportieren mit ihren Beiträgen ein betont düsteres Bild der Arbeitswelt. Macht eine intensive Beschäftigung wirklich immer krank? Ist ein Burn-out immer das Ergebnis von zu viel Arbeit? Engagement und Leistungsstärke, selbst der Besuch eines anstrengenden Berufungs-Workshops, scheinen also das Gegenteil von dem zu sein, was der depressive Angestellte braucht. In einer Zeit, in der Millionen an einer Epidemie mit dem Namen Burn-out leiden, häufen sich Vorschläge wie kürzerzutreten oder sich komplett ins Privatleben zurückzuziehen. Welchen Beitrag kann eine Berufung, die im dritten Schritt an einem starken Leitbild festhalten wird, da wirklich leisten?

Stellen wir uns deshalb vor, dieser von vielen so präferierte Weg des Glücks wäre tatsächlich Wirklichkeit für Sie. Entwickeln Sie in Ihrer Phantasie das Bild eines erfreulichen Hauptgewinns. Oder Sie haben eine reiche Erbtante, von der Sie bisher noch nichts wussten. Die freundliche Dame vererbt Ihnen in ihrem Nachlass den magischen Garten Eden, der Ihnen fortan alle Wünsche erfüllen kann. Denn der Garten Eden ist als der Ort bekannt, an dem Sie ein angenehmes Dasein in Genuss und Sättigung erleben können. Sie wissen, dass der Garten Eden mit den beiden magischen Bäumen, die in der Mitte des Gartens stehen, ein Symbol für das Paradies auf Erden ist. Der Notar klärt Sie im Anschluss über die Bedingungen des Testaments auf. Dreh- und Angelpunkt für Ihr Glück sind dabei die beiden Bäume: Da ist zum einen der Baum des Lebens, der Ihnen quasi per Knopfdruck jeden Wunsch erfüllt. Ihre einzige Beschäftigung wird fortan darin liegen, die Früchte des Baumes des Lebens zu ernten. Was Sie ernten, liegt in der Macht Ihrer Wünsche, und damit ist Ihnen ein unermesslich bequemes Leben im Luxus und Reichtum gewiss. Ich glaube, Sie wären nach dieser Nachricht überglücklich und würden von allen weiteren Informationen des Notars kaum noch Notiz nehmen. Denn was Ihnen der erste der beiden magischen Bäume an Chancen schenkt, wird Ihre Erwartungen übersteigen. Mit dem zweiten Baum ist jedoch die Forderung verbunden, dass Sie keiner produktiven Beschäftigung mehr nachgehen dürfen. Verleitet Sie Ihre Neugier zu einer Beschäftigung, sei es in einem Ehrenamt oder einer anderen Tätigkeit, findet Ihr "Traumjob" ein plötzliches Ende. Die überwiegende Mehrheit der arbeitenden Bevölkerung wird dem rationalen Geist folgen und das Testament beim Notar annehmen. Der Diener hat längst die Herrschaft angetreten. Doch Sie ahnen es schon: Wie im berühmten Buch Genesis wird der zweite Baum zum Fluch, um den Sie täglich einen großen Bogen machen müssen. Jede Form von Erfahrung und Entwicklung, die mit Beschäftigung und Neugier verbunden ist, wird Ihnen untersagt. Sie erkennen, dass jeder der beiden Bäume für sich alleine ein Fluch ist. Würden Sie diese Erbschaft tatsächlich antreten, wären Sie sozusagen ein steinreicher Arbeitsloser, der niemals seine angeborenen Gaben und Talente nutzen könnte. Wie lange würde es dauern, bis Sie erkennen würden, dass der goldene Käfig alles andere als traumhaft ist?

Der Mensch braucht für sein Glück sowohl Nahrung für seine Seele als auch für seinen Leib. Wenn es überhaupt einen paradiesischen Zustand geben kann, dann also nur mit einer sinnvollen Beschäftigung. Nach vielen Jahren als Berater in der beruflichen Neuorientierung habe ich das Phänomen Burn-out bei meinen Kunden erlebt und denke, dass die Krankheitsform auch etwas mit unseren Wünschen zu tun hat. Nicht selten ist es bei genauer Betrachtung eher ein Bore-out statt ein Burn-out, auch wenn die Symptome sehr ähnlich sind. Allerdings benötigt der Mensch in dieser Situation eine neue Einstellung und die Überzeugung, dass das persönliche Glück die Folge eines sinnvollen Daseins ist. Erst die Hingabe macht das Leben stark!

Die Keimzelle des beruflichen Glücks

Die Lebensmotive stehen in einer Wechselbeziehung zu den Denk-, Gefühls- und Verhaltensmustern. Dauerhaft und produktiv eingesetzt entstehen daraus die Talente, die als wichtigster Brennstoff zum Aufbau persönlicher Stärken dienen können.[7] In der Kombination mit den freigelegten Kindheitsträumen und prägenden Rahmenbedingungen können wir jetzt ein starkes Leitbild erarbeiten.

Mit der Talentfindung oder dem Feststellen der Begabungen ist manchmal ein unangemessenes Anspruchsdenken verbunden. Für die Erkenntnis der eigenen Berufung braucht es daher ein gesundes Mittelmaß. Gerade für die Extrempositionen ist eine Klärungsarbeit vonnöten, denn zu jedem Talent gehören gleichermaßen Können und Wollen.

Da gibt es die eine Gruppe von Teilnehmern mit der Tendenz, die Qualitätsstandards für sich sehr hoch zu setzen. Das Talent ist in dem Fall meist deutlich größer als das im Augenblick vorhandene Wissen und Können. Zu hohe Ansprüche an die eigenen Fähigkeiten verstellen aber zu früh den Blick auf mögliche Kompromisse. So denken viele bei dem Wort Talent an außergewöhnliche Befähigungen und nennen als Beispiel die Erfolge von Spitzensportlern, Schauspielern und Musikern. Wir haben es uns in der Leistungsgesellschaft zur Gewohnheit gemacht, das Wort "Talent" an herausragende Fertigkeiten und Kenntnisse zu knüpfen. Schon in der Schulzeit wird mit der Anerkennung in Form von Notengebung, Lob und Zeugnisgeld der Eindruck genährt, disziplinierte Leistung genüge und reine Ausdauer zahle sich aus. Daraus entsteht viel Misstrauen, und in der Berufszielfindung überwiegen oft trügerische Sicherheitsmaßnahmen. Schlummernde Talente geraten dann erst gar nicht in das Blickfeld für eine Entwicklung. Deren Förderung könnte allerdings zu erfreulichen Ergebnissen führen. Stattdessen rückt im Augenblick der Berufswahl neben den Zeugnissen die Frage nach der Eignung in Form von psychologischen Tests in den Vordergrund. So verrichten viele Berufstätige teilweise über Jahrzehnte Tätigkeiten in Bereichen, für die sie zwar geeignet sind, die ihrem Talent aber nicht entsprechen. Berufstätige, die Eignung und Talent in ihren Tätigkeiten trennen, fördern die Gefahr, wegen des fehlenden Wohlbehagens auf Dauer zu viel Energie zu verbrauchen. Denn ein wirkliches Talent ist eine Anlage und geht bei entsprechender Förderung leicht von der Hand. Ein Talent braucht keinen Brennstoff in Form von ständigen Lobprämien.

Das andere Extrem soll nicht unerwähnt bleiben: Es gibt ebenso die Gruppe von Teilnehmern, die ihre Talente nur einseitig erkannt haben (denn das Können gehört zum Talent) und die die Eignung als weniger wichtig einschätzen. Wenn sich ein Talent noch im Stadium der Entwicklung befindet, braucht es die Vorbereitung in Form einer Aus-, Fort- oder Weiterbildung. So vernachlässigt der ein oder andere Existenzgründer die Analyse über die erforderlichen Eignungsstandards. Übergroßer Enthusiasmus führt zu Übermut, und einige reagieren erst Monate nach dem Start mit der entsprechenden Ernüchterung.

Der Praxisfall

Carsten fiel das Lernen während der Schul- und Studienzeit leicht. Lernen und Bilden sind für ihn Tätigkeiten, die ihm bisher sehr entgegenkamen. Durch sein Elternhaus hatte er ein ausgezeichnetes Umfeld zum Lernen, denn beide Elternteile waren wissbegierig und vielseitig interessiert. Mit einem sehr guten Notendurchschnitt im Abitur hatte Carsten nach der Schulzeit die Qual der Wahl. Denn außer in den Fremdsprachenfächern zeigte er in allen Fächer überdurchschnittliche Leistungen. Wegen eines Augenleidens wurde er nicht zur Bundeswehr einberufen, und so wollte er sich zügig für eine Studienrichtung entscheiden. Er hatte große Lust am Lernen und freute sich auf das Studium. Deshalb rief er den "rationalen Geist" als Diener zur Seite und analysierte seine bisherigen Fertigkeiten und sein Wissen. Er kam zu dem Ergebnis, dass ihm die mathematisch-naturwissenschaftlichen Fächer leichtfielen. Die Frage nach der Effizienz war ein entscheidender Faktor. Sein Vater war ein im Maschinenbau diplomierter Ingenieur, und im süddeutschen Raum gab es für Ingenieure reichlich Anstellungsmöglichkeiten. In Anbetracht seiner finanziellen Wünsche wirkte dieser Studiengang mehr als verlockend. Auch andere Richtungen kamen in die engere Auswahl. Der Lehrerberuf seiner Mutter war eine Alternative. Die Erlebnisse am Ende seiner Schulzeit im Umgang mit seinen Lehrern schreckten ihn jedoch ab, und in den Gesprächen mit seiner Mutter klagte diese nicht selten über die nicht leistungsgerechte Entlohnung im öffentlichen Dienst. Man kann sich die Diskussionen in der Herkunftsfamilie leicht vorstellen. Die Mutter korrigierte ihre Klassenarbeiten am Wochenende und in den Schulferien. Der Vater fühlte sich hingegen manchmal während seiner Tätigkeit in einem Konzern unterfordert. In der Freizeit konnte er mit einem deutlich höheren Einkommen dafür kostspieligeren Hobbys nachgehen. Das bis dahin gültige Leitbild von Carsten gründete sich somit auf den Puzzlesteinen Qualifikation, Leistungsstandards und Prägungsinhaltern aus Elternhaus und Kindheit.

Carsten absolvierte das Studium mit Schwung und Ehrgeiz. Alles, was in den nächsten Jahren bis hinein in seine berufliche Laufbahn mit Kraft, Ausdauer und Durchsetzungsvermögen erreichbar war, erreichte er auch. Seine Motivationsstruktur machte aus ihm einen Gestalter und Machtmenschen. Er war ein Kämpfer, ein Krieger und in der Lage, verbissen zu debattieren. War es sein Thema, spürte er die Lebendigkeit und die Überzeugungskraft in sich. Dann spürte er eine tiefe Befriedigung in seinem Tun. Als technische Führungskraft waren zwei Seiten in ihm, die einen großen Anteil einnahmen. Den Großteil nahmen die fachlichen Projekte ein. Zu seinen Mitarbeitern und Projektkollegen zählten Menschen mit technischer und handwerklicher Neigung, die sich mehrheitlich nicht um wirtschaftliche, gesellschaftliche und psychologische Belange kümmerten. Er fühlte sich dabei zwar nicht immer wohl, erfüllte aber seinen Job, der sich rein um die Abläufe in der Entwicklung und in der Produktion drehte. Sein Talent wurde dabei nicht angesprochen. Ausgehend von seiner Motivationsstruktur war sein Talent in den Tätigkeiten der Führung und im Management zu finden. Er liebte es zu moderieren und hatte Planungsgeschick. Die Talentstruktur von Carsten machte deutlich, dass seine ihm vom intuitiven Geist geschenkten Gaben mehr im gesellschaftlichen und kulturellen Bereich lagen als im technischen Bereich. Er braucht Aufgaben und berufliche Bezugspersonen, die diese Bedürfnisse in ihm abrufen.

Übung: Leitbild

In der folgenden Übung geht es um Ihre aktuellen Talente, die zu Ihren Stärken geworden sind oder die mit Hilfe von Entwicklungsmaßnahmen zu Ihren Stärken werden können. Tatsächlich verfügen Sie über Begabungen, die Ihnen in der Schulzeit, im Studium, in der Berufsausbildung und/oder auf dem anschließenden Weg durch die Arbeitswelt geholfen haben.

Sie betrachten nachfolgend 24 Wortgruppen mit jeweils vier Tätigkeiten. Es geht bei der Übung um die Frage, ob mindestens eine Tätigkeit darunter ist, die Ihr Talent und Ihre Stärke ist. Talente erzeugen grundsätzlich ein gutes bis sehr gutes Gefühl. Ganz unabhängig von den bisherigen Kenntnissen, Fertigkeiten und Ergebnissen haben Sie ein positives Gefühl, wenn Sie an diese Tätigkeit beziehungsweise an eine Entwicklungsmaßnahme denken, die diese Tätigkeit fördert. Berücksichtigen Sie dabei den intuitiven Geist.

Sie entscheiden bei der Übung ebenso, ob Sie bei mindestens einer Tätigkeit je Wortgruppe eine Eignung besitzen. Sofern Sie der Meinung sind, dass Sie erst mit Hilfe von Qualifizierung und Förderung aus dem Talent eine Stärke machen können, so antworten Sie entsprechend. Im Kurs können nur Sie mit Hilfe Ihres eigenen Selbstbildes einschätzen, ob diese Sicht realistisch ist. Zu einem späteren Zeitpunkt werden Sie die Antworten einem qualifizierten Fremdbild gegenüberstellen. Für den WLS-Sinn-Kompass ist Ihre augenblickliche Einstufung aber ausreichend. Dabei wird Ihnen der rationale Geist helfen.

Beispiel

Betrachten Sie die vier Tätigkeiten. Sie entscheiden sich für die Tätigkeit oder die Tätigkeiten, die die höchste Punktzahl innerhalb der Gruppe erreichen kann/können. Betrachten Sie folgende vier Tätigkeiten:

"Planen, strukturieren, organisieren, kontrollieren."

1. "Bei keiner dieser vier Tätigkeiten entwickelt sich bei mir ein gutes Gefühl. Diese Tätigkeiten fallen mir nie leicht. Mein Wissen und mein Können sind bei keiner dieser Tätigkeiten ausgeprägt."
2. "Bei keiner dieser vier Tätigkeiten entwickelt sich bei mir ein gutes Gefühl. Diese Tätigkeiten kann ich im Zweifel zwar verrichten. Mein Wissen und mein Können reichen für mich aber völlig aus."
3. "Bei mindestens einer dieser vier Tätigkeiten entsteht bei mir ein gutes Gefühl. Ich traue mir durchaus zu, dass ich mit Hilfe von Aus- und Fortbildungen oder mit Beratung mein Wissen und mein Können entwickeln kann."
4. "Bei mindestens einer dieser vier Tätigkeiten entsteht bei mir ein gutes Gefühl. In meinem bisherigen Ausbildungs- und Berufsweg habe ich bereits gute Leistungen mit dieser Tätigkeit vollbracht."
5. "Bei mindestens einer dieser vier Tätigkeiten entsteht bei mir ein sehr gutes Gefühl. Das heißt, ich mag oder liebe diese Tätigkeit sehr. Damit ich mit dieser Tätigkeit für andere von Nutzen sein kann, benötige ich vor dem Start aber noch mehr Wissen und Können."
6. "Bei mindestens einer dieser vier Tätigkeiten entsteht bei mir ein sehr gutes Gefühl. Das heißt, ich mag oder liebe diese Tätigkeit sehr. In meinem bisherigen Ausbildungs- und Berufsweg habe ich bereits gute Leistungen mit dieser Tätigkeit vollbracht."

Übung

1.	Planen	Strukturieren	Organisieren	Kontrollieren
	□□□□□□	□□□□□□	□□□□□□	□□□□□□
	1 2 3 4 5 6	1 2 3 4 5 6	1 2 3 4 5 6	1 2 3 4 5 6
2.	Betreuen	Sammeln	Spielen	Unterhalten
	□□□□□□	□□□□□□	□□□□□□	□□□□□□
	1 2 3 4 5 6	1 2 3 4 5 6	1 2 3 4 5 6	1 2 3 4 5 6
3.	Malen	Musizieren	Fotografieren	Kreativ sein
	□□□□□□	□□□□□□	□□□□□□	□□□□□□
	1 2 3 4 5 6	1 2 3 4 5 6	1 2 3 4 5 6	1 2 3 4 5 6
4.	Formulieren	Korrektur lesen	Schreiben	Publizieren
	□□□□□□	□□□□□□	□□□□□□	□□□□□□
	1 2 3 4 5 6	1 2 3 4 5 6	1 2 3 4 5 6	1 2 3 4 5 6
5.	Repräsentieren	Ausstellen	Darstellen	Verkaufen
	□□□□□□	□□□□□□	□□□□□□	□□□□□□
	1 2 3 4 5 6	1 2 3 4 5 6	1 2 3 4 5 6	1 2 3 4 5 6
6.	Operieren	Behandeln	Säubern	Beaufsichtigen
	□□□□□□	□□□□□□	□□□□□□	□□□□□□
	1 2 3 4 5 6	1 2 3 4 5 6	1 2 3 4 5 6	1 2 3 4 5 6

Bestimmen □ □ □ □ □ □ 1 2 3 4 5 6	Debattieren □ □ □ □ □ □ 1 2 3 4 5 6	Argumentieren □ □ □ □ □ □ 1 2 3 4 5 6	Führen □ □ □ □ □ □ 1 2 3 4 5 6	7.
Ausbilden □ □ □ □ □ □ 1 2 3 4 5 6	Informieren □ □ □ □ □ □ 1 2 3 4 5 6	Vortragen □ □ □ □ □ □ 1 2 3 4 5 6	Lehren □ □ □ □ □ □ 1 2 3 4 5 6	8
Lesen □ □ □ □ □ □ 1 2 3 4 5 6	Lernen □ □ □ □ □ □ 1 2 3 4 5 6	Bilden □ □ □ □ □ □ 1 2 3 4 5 6	Gründen □ □ □ □ □ □ 1 2 3 4 5 6	9
Anwerben □ □ □ □ □ □ 1 2 3 4 5 6	Verhandeln □ □ □ □ □ □ 1 2 3 4 5 6	Auswählen □ □ □ □ □ □ 1 2 3 4 5 6	Einkaufen □ □ □ □ □ □ 1 2 3 4 5 6	10
Therapieren □ □ □ □ □ □ 1 2 3 4 5 6	Helfen □ □ □ □ □ □ 1 2 3 4 5 6	Einfühlen □ □ □ □ □ □ 1 2 3 4 5 6	Intuitiv sein □ □ □ □ □ □ 1 2 3 4 5 6	11.
Zuhören □ □ □ □ □ □ 1 2 3 4 5 6	Coachen □ □ □ □ □ □ 1 2 3 4 5 6	Trainieren □ □ □ □ □ □ 1 2 3 4 5 6	Beraten □ □ □ □ □ □ 1 2 3 4 5 6	12
Bewirten □ □ □ □ □ □ 1 2 3 4 5 6	Pflegen □ □ □ □ □ □ 1 2 3 4 5 6	Bedienen □ □ □ □ □ □ 1 2 3 4 5 6	Kochen □ □ □ □ □ □ 1 2 3 4 5 6	13

14.	Einrichten	Gestalten	Dekorieren	Verschönern
	□□□□□□ 1 2 3 4 5 6	□□□□□□ 1 2 3 4 5 6	□□□□□□ 1 2 3 4 5 6	□□□□□□ 1 2 3 4 5 6
15.	Motivieren	Sprechen	Moderieren	Begeistern
	□□□□□□ 1 2 3 4 5 6	□□□□□□ 1 2 3 4 5 6	□□□□□□ 1 2 3 4 5 6	□□□□□□ 1 2 3 4 5 6
16.	Ordnen	Klassifizieren	Abschätzen	Sortieren
	□□□□□□ 1 2 3 4 5 6	□□□□□□ 1 2 3 4 5 6	□□□□□□ 1 2 3 4 5 6	□□□□□□ 1 2 3 4 5 6
17.	Managen	Verwalten	Wirtschaften	Kalkulieren
	□□□□□□ 1 2 3 4 5 6	□□□□□□ 1 2 3 4 5 6	□□□□□□ 1 2 3 4 5 6	□□□□□□ 1 2 3 4 5 6
18.	Vermitteln	Schlichten	Übersetzen	Fördern
	□□□□□□ 1 2 3 4 5 6	□□□□□□ 1 2 3 4 5 6	□□□□□□ 1 2 3 4 5 6	□□□□□□ 1 2 3 4 5 6
19.	Forschen	Erfinden	Entwickeln	Entwerfen
	□□□□□□ 1 2 3 4 5 6	□□□□□□ 1 2 3 4 5 6	□□□□□□ 1 2 3 4 5 6	□□□□□□ 1 2 3 4 5 6
20.	Fahren	Reisen	Steuern	Liefern
	□□□□□□ 1 2 3 4 5 6	□□□□□□ 1 2 3 4 5 6	□□□□□□ 1 2 3 4 5 6	□□□□□□ 1 2 3 4 5 6

Reparieren	Herstellen	Berechnen	Installieren	21
□ □ □ □ □ □	□ □ □ □ □ □	□ □ □ □ □ □	□ □ □ □ □ □	
1 2 3 4 5 6	1 2 3 4 5 6	1 2 3 4 5 6	1 2 3 4 5 6	

Beurteilen	Kritisieren	Beobachten	Befragen	22
□ □ □ □ □ □	□ □ □ □ □ □	□ □ □ □ □ □	□ □ □ □ □ □	
1 2 3 4 5 6	1 2 3 4 5 6	1 2 3 4 5 6	1 2 3 4 5 6	

Zeichnen	Skizzieren	Restaurieren	Bauen	23
□ □ □ □ □ □	□ □ □ □ □ □	□ □ □ □ □ □	□ □ □ □ □ □	
1 2 3 4 5 6	1 2 3 4 5 6	1 2 3 4 5 6	1 2 3 4 5 6	

Programmieren	Analysieren	Testen	Bewerten	24
□ □ □ □ □ □	□ □ □ □ □ □	□ □ □ □ □ □	□ □ □ □ □ □	
1 2 3 4 5 6	1 2 3 4 5 6	1 2 3 4 5 6	1 2 3 4 5 6	

Auswertung

1. Schritt:

Sie haben 24 Gruppen mit jeweils vier Tätigkeiten eingestuft. Sie haben erkannt, dass die Tätigkeiten innerhalb der Vierergruppe eine inhaltliche Nähe haben.

Sie haben wahrscheinlich einige Gruppen mit einem Wert von 1 oder 2 eingestuft. Diese Tätigkeiten mögen Sie nicht. Es ist für Ihren Energiehaushalt von Vorteil, wenn Sie diese Tätigkeiten wenig bis gar nicht anstreben. Wenn eine dieser Tätigkeiten für Ihr Berufsziel unausweichlich wird, lassen Sie sich durch Experten oder einen Partner unterstützen.

Sie haben wahrscheinlich einige Gruppen mit einem Wert von 3 oder 4 eingestuft. Es sind Tätigkeiten darunter, die Sie als energieneutral einstufen. Sie hegen eine gewisse Sympathie ihnen gegenüber, und eventuell können Sie mit Hilfe dieser Tätigkeiten Ihr berufliches Ziel unterstützen. Allerdings geht von diesen Tätigkeiten nicht der entscheidende Impuls für Ihre Berufung aus.

Im letzten Teilschritt identifizieren Sie die Gruppen mit den Tätigkeiten, die von Ihnen mit 5 oder 6 eingestuft wurden. Das sind die Tätigkeiten, die sowohl Talent als auch Eignung beinhalten. Sollten Sie ein Abiturient oder Student sein, werden Sie die Tätigkeiten überwiegend mit 5 eingestuft haben. Stufen Sie mindestens eine Tätigkeit bereits als absolute Stärke ein, haben Sie den Wert 6 vergeben.

In der folgenden Tabelle markieren Sie die Gruppen mit einem Kreuz, die von Ihnen mit 5 oder 6 eingestuft wurden. Anschließend gehen Sie jede Gruppe nochmals durch, die von Ihnen mit 5 oder 6 eingestuft wurde. Es ist gut möglich, dass es in einigen dieser Gruppen mehrere Tätigkeiten gibt, die Sie sehr hoch bewerten. Dennoch bitte ich Sie, nur eine Tätigkeit aus dieser Gruppe auszuwählen - und zwar die, die Ihnen die größte Freude schenkt oder die die größte Anziehungskraft auf Sie auslöst. Sollten Sie wegen einer fehlenden Qualifikation Tätigkeiten nur mit 5 statt mit 6 bewerten, berücksichtigen Sie diese Tätigkeiten dennoch. Denn alles, was Sie wirklich lieben, können Sie mit Geduld lernen oder gegebenenfalls können Sie zu einem späteren Zeitpunkt einen Kompromiss schmieden.

Gruppe	Favorit	Lieblingstätigkeit

2. Schritt:

Übertragen Sie in die folgende Tabelle die zehn Tätigkeiten, die Ihnen die größte Kraft und Freude schenken. Ihre "TOP TEN" werden Bestandteil Ihres persönlichen Programms werden.

Auf dem Weg zu Ihrer Berufung kommt es zu einem Teilschritt, der Ihnen mittlerweile schon zur guten Gewohnheit geworden ist. Im WLS-Sinn-Kompass hat die Zahl 4 eine besondere Bedeutung. Auch in dieser Übung werden Sie die vier stärksten oder führenden Wörter kennzeichnen. Möglicherweise wird es Ihnen nicht leichtfallen, aus den zehn Tätigkeiten die herauszukristallisieren, die für Ihr Work-Life-Sense stehen. Erinnern Sie sich an den Beginn des Workshops: WLS hat die Aufgabe, zwischen Ihren Einkommensbedürfnissen und Ihrer Lebendigkeit eine Brücke zu spannen. Diese Brücke ist der Sinnfaktor, der sowohl die sinnstiftenden Aspekte als auch die Fülle und die Menschlichkeit berücksichtigen möchte. An dieser Stelle gilt es, zurückzuschauen und zu reflektieren. Denn Sie haben im WLS-Sinn-Kompass bereits ein Bewusstsein für Ihre zentralen Lebensmotive erlangt. Weiterhin haben Sie sich auf Spurensuche begeben. Sie haben Aussagen über ein Erlebnis getroffen, aus dem Sie für Ihr Leben gelernt haben. Ihre Herkunft, Ihre Prägungen und Ihr inneres Kind haben sich im Inneren einen neuen Raum geschaffen.

Entscheiden Sie auf dieser Basis!

Gruppe	Lieblingstätigkeit	Reihenfolge

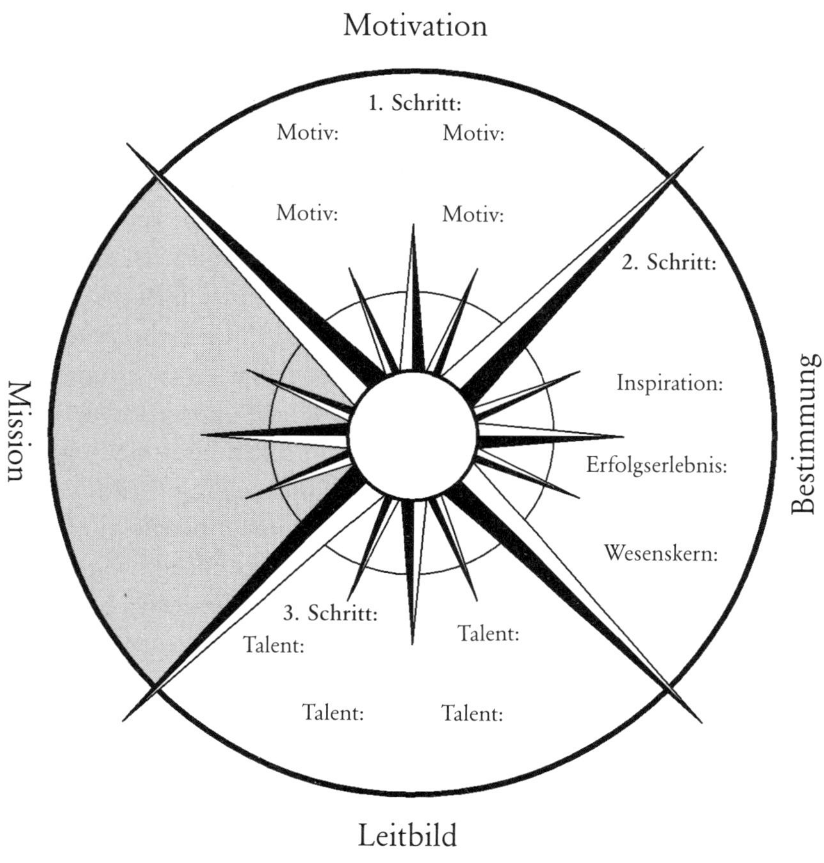
Motivation
1. Schritt:
Motiv:
Motiv:
Motiv:
Motiv:
2. Schritt:
Inspiration:
Erfolgserlebnis:
Wesenskern:
Bestimmung
3. Schritt:
Talent:
Talent:
Talent:
Talent:
Leitbild
Mission

Vierter Schritt: Erkenne deine Mission

"Um das Leben Ihrer Träume verwirklichen zu können, brauchen Sie ein Projekt."

(Martin Sage)

Die eigene Berufung suchen, erkennen und finden! Damit ist immer auch die "Sehn-Sucht" nach dem ureigenen Weg verbunden, dem Lebensweg, auf dem Sie Ihrer beruflichen Neuorientierung entgegengehen. Ohne die gewonnene Selbsterkenntnis aus den drei vorherigen Wegen wäre die Perspektive zu ungenau und könnte keine Kraft schenken. Die Gründe und Argumente für eine mutige Richtungskorrektur würden fehlen. So aber können die nächsten Schritte zu einem Selbstmanagement werden, das auf den eigenen klaren und beständigen Prinzipien beruht.

Einer dieser Managementschritte ist das Entscheiden. Mit dem Entscheiden ist ein Verzichten auf mindestens eine Alternative verbunden. Aus der Vielzahl von Möglichkeiten gilt es, das vielversprechendste Spielfeld zu definieren, auf dem Sie sich im dritten Teil mit einem beruflichen Ziel positionieren werden. Was hätten wir von einem positiven Leitfaden, der sich keinem konkreten und nutzenorientierten Vorhaben zuwenden würde? Welchen Sinn würde eine gefundene Berufung haben, wenn sie nicht gleichzeitig die Chance auf einen beruflichen Neustart bieten würde? Mit den ersten drei Schritten haben Sie die stimmigen Daten für den langfristigen Leitfaden ermittelt. Der letzte wichtige Schritt, damit Ihre Berufung zu einem Beruf mit Einkommen, Lebendigkeit und Sinnorientierung wird und damit Sie zu einer effektiven Entscheidung finden können, schafft erst die Basis für ein Maßnahmenpaket.

Mit den vier folgenden Übungen werden Sie Ihre Mission erkennen. In jeder dieser Übungen werden Sie aufgefordert, die ersten drei Schritte Ihres WLS-Sinn-Kompasses mit möglichen Chancen zu verbinden. Sie projizieren Ihr Leitbild auf Ihre aktuellen Leidenschaften, Ihre Hobbys, Ihr Umfeld sowie auf einen möglichen Unternehmergeist. Durchforsten Sie Ihr Leben, und bringen Sie alle Ihre Stichworte zu Papier. Spüren Sie, welche der Notizen einen wirklichen Bezug zu Ihrem Leitbild hat:

1. Übung zu den Leidenschaften

Es gibt Themen, die Ihnen besonders am Herzen liegen. Es fällt Ihnen leicht, darüber zu sprechen, und Sie freuen sich, wenn Sie das Interesse lebhaft mit anderen teilen können. Dann spüren Sie Kraft und Lebendigkeit.

2. Übung zu den Hobbys

Es gibt Beschäftigungen, die Sie bisher in Ihrer Freizeit gepflegt haben. Wenn Sie Zeit, Geld und die Gelegenheit dazu haben, beschäftigen Sie sich intensiv mit diesem Gebiet. Sie können sich vorstellen, das bei entsprechender Möglichkeit weiter auszubauen.

3. Übung zum Umfeld

Wenn Sie mit bestimmten Menschen in Verbindung oder wenn Sie in Regionen/Landschaften unterwegs sind, entsteht bei Ihnen ein Wohlbehagen. Sie sind zufrieden, wenn Sie sich in diesem Umfeld aufhalten.

4. Übung zum Unternehmergeist
Wenn Sie Ihre Tätigkeiten unabhängig und frei ausführen können, fühlen Sie sich wohl. Die Vorstellung, ein Pionier in eigener Sache zu sein, gibt Ihnen ein sehr gutes Gefühl.

Leidenschaften

Mit den Leidenschaften sind sowohl Feuer und Euphorie als auch Schmerz und Kummer verbunden. Zur Mäßigung neigende Businessberater scheuen den sentimentalen Aspekt der Visionsfindung. Andere Business-Experten bezeichnen nicht selten den Leidenschaftsfaktor als den eigentlichen "i-Punkt", wenn die Berufung am Ende verwirklicht werden will. Ich teile letztere Auffassung: Denn bereits in dieser Phase der Klärungsarbeit sollten wir die jetzt nahende Vermarktung berücksichtigen. Wer den Begeisterungsfaktor der eigenen Berufung nutzen will, kommt an riskanten Emotionen nicht vorbei.

Bevor wir uns allerdings auf die Suche nach den Leidenschaftsthemen begeben, die möglicherweise ein Aktionsfeld für Sie darstellen, sollten wir uns zuvor in der Kunst der Unterscheidung üben: Die Grenzen zwischen einer in Teilen verrückten Leidenschaft, ohne die ein erfolgreiches Berufsleben kaum auskommt, und einer ernst zu nehmenden Sucht sind fließend. Eine Sucht kann sich als Interessengebiet tarnen, eine starke Anziehungskraft ausüben und nichts anderes als eine stereotype, starre Gewohnheit sein. In einer behaglichen Komfortzone unserer Vorlieben machen wir es uns gemütlich und pflegen bei genauer Betrachtung ein Suchtverhalten. Es sind meist die Aktivitäten ohne jeden Sinn, das Verhalten ohne Bezug zur Lebendigkeit, Beschäftigungen ohne Chance auf einen produktiven Wert, die wir zunächst als Leidenschaft bezeichnen. Machen Sie den Versuch und unterwerfen Sie jede Leidenschaft Ihrem mittlerweile klaren Bild von Work-Life-Sense. Wie in jeder Phase des Kurses kommt es auch hier darauf an, gewissenhaft und aufrichtig mit sich selbst zu sein.

Möglicherweise werden Sie sich an dieser Stelle nicht angesprochen fühlen. Mit einer ernsthaften Sucht verbinden wir meist harte Drogen, und mit diesen Suchterkrankungen kommen die wenigsten berufstätigen Menschen in Berührung. Der eine oder andere mehr wird zwar ein kleines Alkohol- oder Nikotinproblem haben. Diese Suchtfragen waren bisher aber kein Anliegen, mit dem sich ein Veränderungscoaching beschäftigen musste. Doch wie nie zuvor sind mittlerweile Berufs- und Outplacement-Berater an dieser Stelle gefordert. Denn die wachsende Suchtgesellschaft zeigt sich auch darin, wie viel mehr Zeit Menschen im Internet verbringen. Die Abhängigkeiten haben bei heranwachsenden Schülern längst begonnen und erfassen als weltweite Blase fast jeden Kopf. Wer von Ihnen verbringt viel Zeit mit dem PC, weil er in sich ernsthaft den leidenschaftlichen Hobby-Informatiker erkennt? Wie viele unnütze Überstunden werden gemacht, weil Berufstätige eine wachsende Anzahl von Mails beantworten? Ist das Zocken in Finanzportalen für jeden Menschen ein Lieblingsinteresse geworden? Da ich lange Zeit beruflich in der Welt der Finanzwirtschaft beheimatet war, kenne ich selbst die fließende Grenze zwischen der Abhängigkeit und dem belebenden Feuer einer wahren Leidenschaft. Wir wissen heute, dass die große Finanzkrise im Jahre 2008 die Folge einer kumulierten "Hab-Sucht" war.

Wie aber können wir die dunkle Seite der Leidenschaft verwandeln? Zunächst ist es wichtig, die Sucht in den Workshop einzuladen und sie zuzulassen. Wenn wir die Schattenseite der Leidenschaft erkannt haben, kann deren Lichtseite nicht weit sein. Es braucht manchmal Jahre, bis wir erkennen, dass das Ganze aus mehreren Seiten besteht, die zusammengehören. Es gibt zwischen beiden Teilen einen schmalen Pfad. Martin Sage hat es so formuliert: "Sie begegnen der größten Herausforderung Ihres Lebens, stehen an der Schwelle zur Verwirklichung Ihrer Träume und müssen jetzt nur an den beiden Wächterfiguren vorbei. Diese fordern den letzten Beweis, dass es Ihnen ernst ist, dass Sie bereit sind für die Verwirklichung Ihrer Träume."[8] Mit den Wächterfiguren, die wie ein Dämon wirken, sind Überlebensemotionen wie die Angst und der Zorn gemeint. Es gibt weit mehr als die von Sage genannten Wächterfiguren, die es aber zu erkennen und anzunehmen gilt. Hier liegt die Mission von Work-Life-Sense, und dabei können Berufungsgeschichten von historischen Größen helfen.

Um Licht- und Schattenseite der Leidenschaft zu erkennen, ist das Leben des vielleicht erfolgreichsten und fast zeitgleich verrücktesten Missionars der Menschheitsgeschichte als Beispiel hilfreich. Paulus von Tarsus ist es eigentlich zu verdanken, dass sich die Mehrheit der heutigen Bewohner von Europa und Amerika dem Christentum zugehörig fühlen. Doch der Autor der Apostelgeschichte möchte den Anschein erwecken, dass seine Mission erst mit der Lichtseite, also mit der Blendung des Heiligen auf der Straße nach Damaskus beginnt. Mit dem Damaskuserlebnis vollzieht sich für Paulus die Kehrtwende. Das Schlüsselerlebnis führt zur Umkehr, und fortan setzt er alles in Bewegung mit dem Ergebnis, dass aus einer kleinen Glaubensgemeinschaft die bis heute größte Religion der Erde entsteht. Was allerdings dabei nicht unterschlagen werden darf und im Übrigen von Paulus in keiner Weise unterschlagen wird: Die Schattenseite seiner Leidenschaft wird vom Heißsporn Paulus stets betont. Der Stachel in seinem Fleisch, der ihn in seinem Leben peinigt, lässt viele Interpretationen zu. Ziemlich sicher war er von einer krankhaften "Eifer-Sucht" getrieben. Eine in der Historie bis dahin unbedeutende, aber der Liebe verpflichtete Christensekte ist für Paulus der Stachel im Fleisch. Er ist deren größter Verfolger, und ohne diesen Wahn hätte niemand von dieser Gemeinschaft Notiz genommen. Seine Leidenschaft ist von Anfang an rhetorischer Natur und seine Übermotivation treibt ihn vor Damaskus an den Rand des Abgrundes. Der Blick in den Abgrund erst führt ihn zur Liebe, seine Leidenschaft bleibt und wird aber transformiert. Fortan ist er für die Liebe bereit, sein Leben zu riskieren.

Paulus machte in seinem Berufsleben die gleiche Erfahrung wie viele nach ihm. Wenn wir mit unseren Leidenschaften stecken bleiben, mit einer Vorliebe in die Sucht abdriften, haben wir den Sinnaspekt verloren. Können Sie Ihre Leidenschaft mit einem Sinn verbinden, kann es zu Ihrem persönlichen Durchbruch werden!

Im Folgenden haben wir die Aufgabe, die Leidenschaften unseres Lebens mit neuen Augen zu sehen. Können Sie eine Vorliebe oder ein brennende "Sehn-Sucht" mit einer neuen Sinnorientierung verbinden?

Der Praxisfall

Auch in seiner Freizeit suchte Carsten oft das Gespräch mit Führungskräften. Dabei bewunderte er Männer und Frauen, die entschieden ihre Ziele verfolgen und klare Worte wählen. Carsten war stets ein Mann, der seine Karriereziele im Unternehmen im Fokus hatte. Er diskutierte gerne und fühlte sich wohl, wenn die Gesprächspartner seinen Offensivgeist schätzten. Im Berufsleben blitzte Begeisterung auf, wenn sich bei neuen Projekten die Möglichkeit dazu ergab. Doch im mittleren Management gab es selten die Gelegenheit, geschäftspolitisch aktiv zu werden und Einfluss auf die Unternehmensstrukturen zu nehmen. Es faszinierte ihn, wenn er Menschen an den Schalthebeln der Macht beobachtete. Deshalb war er auch grundsätzlich an den allgemeineren Themen zur politischen Willensbildung interessiert. Die Themen rund um Fragen der Menschenführung, die Gestaltung von organisatorischen Prozessen und der Aufbau von Strukturen interessierten ihn. Je mehr er merkte, dass seinen Ambitionen im Unternehmen Grenzen gesetzt waren, desto mehr entwickelte er eine Verbissenheit. Das half in den letzten Jahren seiner Firmenzugehörigkeit wenig. Carsten zeigte sich enttäuscht und resignierte. Doch das Interesse an einer geschäftspolitischen Mitwirkung war weiterhin latent vorhanden und brauchte einen neuen Ort, wo er es entfalten konnte.

Übung

Nehmen Sie wieder ein leeres Blatt und notieren Sie die Stichpunkte zu folgenden Fragen:

Frage 1: Vor Ihrem geistigen Auge erscheinen einige Ihrer engsten Freunde. Sie haben den Auftrag, sich mit Ihnen über die bisherigen Schritte auszutauschen. Werden Ihre Freunde über Ihre Talente, Motive im Leben und Einstellungen überrascht sein? Kann es sein, dass Sie Ihr Leitbild bereits auf bestimmte Themengebiete lenken? Über welche Themen sprechen Sie gerne, wenn Sie sich mit Ihren Freunden treffen? Wann hören Sie aufmerksam zu und machen sich im Anschluss an das Gespräch noch Gedanken dazu? Gibt es Themen, bei denen Sie besonders schnell ein Gefühl der Erregung und Begeisterung verspüren? Schreiben Sie so viele Themengebiete wie möglich auf!

Frage 2: Welchen dieser Freunde würden Sie auswählen, wenn es um geistige Nähe geht? Dieser Freund könnte am ehesten darüber berichten, was Sie bewegt. Er kann nachvollziehen, warum Sie sich mit diesen Fragen beschäftigen. Angenommen, dieser Freund äußert sich am Ende Ihres Lebens zu den Themen, die Sie mit Feuer und Begeisterung vorangebracht haben. Welche zwei bis drei Themen sollten bis zum Ende Ihres Lebens aus Frage 1 von Ihnen entwickelt werden?

Frage 3: Angenommen, Ihr guter Freund würde nach Ihrem Tod ein Buch über Sie und Ihre größte Leidenschaft schreiben. Dafür haben Sie Begeisterung entwickeln können, die Zeit vergessen und entwickelten Lebendigkeit! Möglicherweise konnten Sie durch diese Tätigkeit sogar sinnstiftend wirken. Wählen Sie jetzt eine Tätigkeit aus!

____

____

____

____

Auswertung

1. Schritt:

Ob Sie ein leidenschaftlicher Mensch sind, der mit einem zentralen Thema "brennt", hängt von Ihrer Persönlichkeit ab. Sie haben einige Themen ermittelt, über die Sie sich mit Freunden gerne austauschen. Diese Freunde schätzen Sie sicher auch wegen Ihrer Begeisterung und Kenntnisse. Eine Leidenschaft ist manchmal wie eine gute Freundschaft. Sie erwärmt die Seele und kann besondere Geborgenheit schenken. Nicht selten ist sie aber auch eine Belastung für die Umgebung, weil die Menschen in der Umgebung nicht die gleiche Leidenschaft teilen. Entwickeln Sie nun bei der Auswertung ein wenig Humor. Wenn Sie die passenden Freunde für das Thema nicht haben, kann es sein, dass Sie gerne dazu Seminare besuchen, Bücher lesen oder Fernsehsendungen anschauen. Betrachten Sie die Themen, die Sie über einen längeren Zeitraum begleitet und gefesselt haben. Entscheiden Sie sich am Ende im Fragenkomplex 3 für eine große Leidenschaft, die Ihrem Leben Sinn schenkt und mit der Sie gleichzeitig für einen anderen Menschen von Nutzen sein können.

2. Schritt:

Es ist noch nicht an der Zeit, Ihren WLS-Sinn-Kompass auszuwerten und ein klares Veränderungsziel zu formulieren. Dennoch sollten Sie bereits jetzt eine intuitive Überprüfung mit den vorherigen Schritten vornehmen. Betrachten Sie Ihre zentrale Leidenschaft und verbinden Sie sie mit Ihren ermittelten Naturtalenten, Lebensmotiven und Ihrer Prägung. Haben Sie den Eindruck, dass Ihre bisherigen Schritte im Workshop mit dieser Leidenschaft in Verbindung stehen?

3. Schritt:

Sollten Sie noch unsicher sein, weil Sie über mehrere Themengebiete verfügen, die Sie besonders schätzen: Nehmen Sie eine kurze vergleichende Einschätzung in Verbindung mit den anderen Bausteinen vor. Entscheiden Sie sich dann für die Leidenschaft, die Ihnen die größte Freude schenkt. Tragen Sie diese in das freie Feld ein.

Hobby und Umfeld

Nicht jeder Mensch findet die Erfüllung beim Schreiben von tiefgründigen Büchern, beim Programmieren von anspruchsvoller Software oder beim Debattieren in Versammlungen von Umweltorganisationen. Für manch einen fühlt es sich sogar sehr schwer an, wenn Leidenschaften mit beruflichen Projekten verbunden werden. Das farbige Hobby zum Beruf machen – das ist auch eine Assoziation, die oft mit der Vorstellung von einer gelebten Berufung in Verbindung gebracht wird. Was geschieht aber in dem Moment, wo sich im Leben eines Menschen alles um ein Hobby dreht, das sich nicht zum Geldverdienen eignet? Für eine Steuerfachangestellte war das Zusammensein mit Tieren die zentrale Vorliebe. Die alleinstehende Frau lebte zum Zeitpunkt unseres Kurses schon mehr als zwanzig Jahre in einer Frankfurter Vorstadt. Wegen ihres sehr zeitaufwendigen Jobs in einer Wirtschaftsprüfungsgesellschaft blieb wenig Zeit für ihre Leidenschaft, die Tiere und ihre Besuche im Frankfurter Zoo. Selbst die Anschaffung einer Katze, die sie sich seit Jahren wünschte, ließ der kraftraubende Tagesablauf nicht zu. Die Einsicht, dass durch ein Ehrenamt im Tierschutz neue Lebendigkeit und Sinnerfüllung erwächst, bewog sie zur Arbeitszeitreduktion. Auch ohne Berufswechsel brachte sie ihre Ideale und neue Energien in ihr Leben.

Energien erwachsen insbesondere aus der Anbindung an die eigene Motivationsstruktur. Sie haben sich Ihre ureigenen Antriebskräfte bewusst gemacht: Vielleicht haben Sie einen großen Anteil vom Typ Denker, der viel Energie aus der Ruhe gewinnt und das Einzelbüro an seinem Arbeitsort würdigen kann. Sie können so ungestört arbeiten und benötigen für Ihre beruflichen Aufgaben keine Außenreize. Vielleicht haben Sie aber auch mehr Anteile vom Typ Genießer, der sich zu einer Arbeit mit ständig wechselnden Einsatzorten berufen fühlt. Dabei ist es möglich, dass es Ihnen nicht so sehr um das inhaltliche Thema geht. Genießer können sich begeistern, wenn sie in ihrem Berufsleben neue Eindrücke sammeln können. So erging es einer Teilnehmerin, die sehr unter ihren Arbeitsbedingungen litt. Sie hatte eine außerordentlich hohe Punktzahl beim Typ Romantiker ermittelt und fühlte sich mit den Kräften der Natur verbunden. Im Workshop begegnete ihr wieder das "Draußen-Kind", das sie schon im Waldkindergarten gewesen war. Sie liebte Sportarten, die sie in der frischen Luft und in der Natur durchführen konnte. Sobald der Urlaub oder ein längeres Wochenende nahte, packte sie gemeinsam mit ihrem Mann den Rucksack. Dieses Hobby und ihr Interesse an abgelegenen Wanderrouten in Skandinavien und Nordamerika teilten die beiden seit ihrem Studium. Sie waren sich von Anfang an einig, dass eine Familiengründung sehr einengen würde. Die jeweiligen Berufstätigkeiten nutzten beide zur Finanzierung der Reisen und Treffen mit den anderen Freizeitsportlern. Mit den Jahren gewannen sie so viele Kenntnisse über Bekleidung und Ausrüstung rund um das Thema Outdoor, so dass die Idee aufkam, das Hobby zum Beruf zu machen - zumindest im ersten Schritt in einer nebenberuflichen Tätigkeit. Da ihr Mann ein sehr versierter EDV-Fachmann war, entschieden sich beide für die Gründung eines Internetportals.

Hobbys

Frage 1: Sie sind ein ganzheitliches Wesen. Sie sind glücklich, wenn Sie sich körperlich und seelisch wohlfühlen. Mit welchen Aktivitäten und Interessen würden Sie Ihr Leben füllen, wenn Sie nicht mehr für Ihren Lebensunterhalt sorgen müssten? Welche Ihrer bisherigen Freizeitbeschäftigungen würden Sie ausbauen, wenn alle Bedingungen (Zeit, Menschen, Geld, ...) gegeben wären?

Frage 2: Welche dieser Interessen, Herausforderungen und Aktivitäten fördern Ihre persönliche Lebendigkeit? Sie haben den Eindruck, dass diese Tätigkeit Ihrer Gesundheit zuträglich ist. Listen Sie diese Punkte nochmals auf!

Frage 3: Mit welchen Hobbys, Freizeitaktivitäten und Interessengebieten haben Sie das Gefühl, dass Sie sinnstiftend wirken? Sie gewinnen den Eindruck, dass Ihre Seele durch Ihr Tun berührt wird. Listen Sie diese Punkte nochmals auf!

Frage 4: Betrachten Sie all die Punkte, die sowohl einen positiven Effekt auf Ihre Lebendigkeit als auch auf Ihre Sinnorientierung haben. Entscheiden Sie intuitiv, welche Ihrer Hobbys unter Umständen zu einer beruflichen Aufgabe werden könnten.

Das Umfeld

Frage 1: Das Umfeld hat einen Einfluss auf Ihr Wohlbefinden. Mit welchen Menschen verbringen Sie gerne Ihren Tag? Denken Sie dabei an Ihre Familie, Ihren Freundeskreis, aber auch an Ihre bisherigen Kollegen und Kunden. Bevorzugen Sie Senioren, Kinder, Männer, Frauen, eine bestimmte Eigenart? Wo verbringen Sie gerne Ihren Tag? Gibt es Bedingungen am Arbeitsplatz, die Ihnen wichtig sind?

Frage 2: Welche dieser Menschen, Regionen und Bedingungen fördern Ihre persönliche Lebendigkeit? Sie haben den Eindruck, dass dieses Umfeld für Ihre Gesundheit und Ihr körperliches Wohlbefinden wichtig ist. Wiederholen Sie die zutreffenden Punkte!

Frage 3: Bei welchen Menschen, Regionen und Bedingungen haben Sie das Gefühl, dass Sie damit sinnstiftend wirken können? Sie gewinnen den Eindruck, dass Ihre Seele dadurch berührt wird. Listen Sie diese Punkte nochmals auf!

Frage 4: Betrachten Sie die Punkte, die sowohl einen positiven Effekt auf Ihre Lebendigkeit als auch auf Ihre Sinnorientierung haben. Entscheiden Sie intuitiv, welcher Punkt für Ihr Veränderungsprojekt sehr wichtig ist!

Auswertung

1. Schritt:

Sie haben einige Hobbys und Bedingungen für Ihr Umfeld aufgelistet, die Ihnen am Herzen liegen. Einige der Stichpunkte verhelfen Ihnen zu einer Balance von Work-Life-Sense. Deshalb sind Hobbys und Rahmenbedingungen wichtig für die Gesundheit.

Markieren Sie mit einem farbigen Stift die Stichpunkte, die im Hinblick auf das Erwerbsleben von Relevanz sein könnten.

2. Schritt:

Mit dem Wissen um Ihre sehr zentralen Hobbys und mit der Kenntnis um Ihr bevorzugtes Umfeld ist es zwar noch nicht an der Zeit, Ihren WLS-Sinn-Kompass auszuwerten und ein klares Veränderungsziel zu formulieren. Dennoch sollten Sie bereits jetzt eine intuitive Überprüfung mit den vorherigen Schritten vornehmen. Betrachten Sie die von Ihnen mit einem Farbstift gekennzeichneten Stichpunkte. Verbinden Sie die Stichpunkte mit Ihren ermittelten Naturtalenten, Lebensmotiven und Ihrer Prägung. Haben Sie den Eindruck, dass Ihre bisherigen Schritte im Workshop mit den Stichpunkten in Verbindung stehen? Markieren Sie diese Punkte mit einem anderen Farbstift!

3. Schritt:

Entscheiden Sie sich nur jeweils für das Hobby und für die Umfeldbedingung, die zu einem Maximum an Work-Life-Sense beitragen wird. Tragen Sie diese beiden Punkte in die zwei folgenden Kästen ein:

Ihr Hobby:

Ihr Umfeld:

Unternehmergeist

Das Wort Unternehmergeist ist ein relativer Begriff. Wir alle haben ein Stück weit Unternehmergeist. Fehlender Unternehmergeist kann zwar nicht mit anderen Faktoren ausgeglichen werden, aber nicht in jedem selbstständigen Wirkungsfeld ist der Unternehmergeist gleichermaßen wichtig. Mit dem Wort Unternehmergeist verbinde ich in meinen Beratungen für Existenzgründer und Unternehmer eine Kombination aus Gesinnung, Einstellung und Gaben, über die ein Berufstätiger im Falle der beruflichen Selbstständigkeit verfügen sollte. Bevor Sie technische und ökonomische Fragestellungen vor oder in einer Selbstständigkeit lösen, sollten Sie die erste Frage mit "Ja" beantwortet haben:

Spüren Sie eine innere Mission für die berufliche Selbstständigkeit?

Unternehmensberater und Ansprechpartner von Kammern werden Sie zuerst an Ihren Managementkompetenzen und/oder an Ihrer Kapitaldecke messen. Gewiss ist die Insolvenzquote bei Existenzgründungen hoch und die fehlende Kapitalausstattung ein häufiger Grund für das frühzeitige Aus von Unternehmern und Freiberuflern. Neben der fachlichen Qualifikation, der fehlenden Vertriebsstärke wird häufig der fehlerhafte Umgang mit den Finanzmitteln als Ursache genannt. Da es an Hilfestellungen auf den Gebieten nicht mangelt, kann es meiner Überzeugung nach daran allein nicht liegen. Wir brauchen eine Entwicklung von Unternehmergeist, die zum richtigen Zeitpunkt erfolgen und lange vor dem eigentlichen Starttermin liegen sollte. Selbst wenn Sie noch im

Studium sind, die notwendige Berufserfahrung fehlt oder andere Faktoren noch nicht in Gänze erfüllt sind, macht die frühzeitige Klärung, ob Sie zum Unternehmertum neigen, großen Sinn.

Bei der Klärung des Unternehmergeistes geht es um die drei wichtigen Fragen:

Ist der Sinn für das Unternehmerische ausgeprägt?
Was macht den Unternehmergeist eigentlich aus?
Ist der Wille zur unternehmerischen Freiheit vorhanden?

In der folgenden Übung werden Ihnen die bereits bekannten Bausteine Ihrer Motivationsstruktur, Ihrer Prägung und Ihrer Naturtalente erneut begegnen. Menschen, die mit Gestaltungskraft und Durchsetzungswillen ausgestattet sind, können ausgezeichnete unternehmerische Stärke entfalten. Machen Sie sich bewusst, dass erfolgreiche Selbstständige immer wieder mit Veränderungen umgehen und dabei mit ihren Partnern Konflikte bewältigen müssen. Auch diejenigen unter uns, die bereits bei der Vorstellung an eine vorgezeichnete Laufbahn in einer Behörde leiden, können in einer Tätigkeit mit mehr Unabhängigkeit eine Chance sehen.

Sofern Sie den Unternehmergeist in sich entdecken, durchdringt er Ihre ganze Berufung, und entsprechend frühzeitig können Sie Ihre Laufbahnplanung danach ausrichten. Eine Berufung kann grundsätzlich nicht auf einzelne Rollen reduziert werden. In der Selbstständigkeit wird das Wesen einer gelebten Berufung besonders sichtbar. Ein bisschen Berufung leben, ist wie keine Berufung leben. Entscheiden Sie sich irgendwann zu einer vollberuflichen Existenzgründung, durchdringt Ihre Berufung Ihr ganzes Leben. Natürlich ist es möglich, dass Sie sich schrittweise auf die hauptberufliche Selbstständigkeit vorbereiten und im Nebenberuf erste Erfahrungen sammeln. Wenn Sie aber erkennen, dass Ihr Lebensmotiv Sicherheit ist oder Loyalität zu einer bestehenden Institution, überdenken Sie Ihre Entscheidung. Erfahrungsgemäß sind Menschen, die die grundlegenden Aspekte des Unternehmergeistes nicht entwickeln wollen und/oder können, seltener in der Lage, ein erfolgsversprechendes Unternehmenskonzept zu entwickeln. Natürlich betrügt jede Statistik und Sie können die Ausnahme sein. Machen Sie sich allerdings auf den Weg zu einer Erneuerung in Richtung Selbstständigkeit, braucht es meist ein überdurchschnittliches Abenteuer- und Erfolgsstreben.

Natürlich ist Selbstständigkeit nicht gleich Selbstständigkeit: Es ist schon ein gewaltiger Unterschied, in welcher Branche und mit welcher Geschäftsidee Sie gründen wollen. Wenn Sie zum Beispiel in einem Einkaufszentrum einen Modeladen eröffnen wollen, haben Sie von Beginn an hohe Mietkosten und benötigen Personal. Sie werden dafür von Anfang an mit Ihrem Schaufenster vom potenziellen Kunden gesehen und arbeiten mit anderen Gewerbetreibenden im Zentrum eng zusammen. Gründen Sie als Heilpraktiker und empfangen Ihre Patienten sogar in der eigenen Wohnung, haben Sie beim Start keine hohen Mietkosten. Aber Sie werden deutlich mehr Zeit für Ihr Vertriebsinstrumentarium bereitstellen müssen. Sie erkennen in diesem mehr als verkürzten Vergleich, dass die Bewertung der folgenden Übung von der Unternehmensvision abhängen wird. Die Ergebnisse der folgenden Übung zum Unternehmergeist sind somit ohne die anderen Schritte im WLS-Sinn-Kompass nicht interpretierbar.

Der Praxisfall

Carsten liebäugelte mit dem Gedanken, dass ihn sein Sinn-Kompass zu einer selbstständigen Tätigkeit inspirieren würde. Und tatsächlich erreichte Carsten in der folgenden Übung eine sehr hohe Punktzahl. Er hatte eine grundlegende Selbstanalyse durchgeführt, die im Hinblick auf die Talente, Fähigkeiten, Interessen und Lebensmotive eine starke Basis für eine selbstständige Aufgabe zeigte. Durch die sichere berufliche Situation seiner Frau, vorhandene Ersparnisse und ein gutes Abfindungsangebot hatte er eine gute Basis für den Start in die Selbstständigkeit. Die Voraussetzung für das Positionieren eines Angebotes im Businessplan war sowohl sachlich als auch persönlich gegeben. Und doch kippte diese Zielsetzung wegen der Frage Nr. 9, die für Familienmenschen einen besonderen Stellenwert hat: die sogenannte "Stallgeruchfrage"! Denn keiner seiner Familienangehörigen konnte das Verlangen nach den unternehmerischen Ambitionen wirklich gut nachvollziehen. Mit seiner Frau sprach er schon länger über die Möglichkeit einer freiberuflichen Beratungstätigkeit. Sie traute ihm den Wechsel in die Freiberuflichkeit durchaus zu, befürchtete allerdings eine zusätzliche zeitliche Belastung für die Ehe und das Familienleben. Seine Ehefrau litt selbst unter ihren zeitlichen Anforderungen im Beruf und im Haushalt. Sie sah in dieser neuen Konstellation eine Gefahr für die Stabilität des Systems Familie. Da Carsten in seiner Motivationsstruktur den Gemeinschaftssinn als Lebensmotiv erkannte, konnte er sich über die Bedenken nicht hinwegsetzen. So entschied sich Carsten für den Verbleib im Angestelltenverhältnis.

Übung

In der folgenden Übung werden Sie Ihre Einschätzung im Hinblick auf Ihre unternehmerische Neigung treffen. In dieser Übung wird es nicht um Ihre fachliche Qualifikation, eine Markteintrittsvoraussetzung oder technische Gründungsfragen gehen. Sie werden prüfen, ob Sie für eine selbstständige Aufgabe die notwendige Einstellung und die damit verbundene Begeisterung mitbringen oder noch entwickeln können und wollen.

Bitte nehmen Sie sich jetzt etwa 30 Minuten Zeit. Beantworten Sie die 21 Fragen, die in ihrer Summe den aus meiner Sicht idealen Unternehmertypen darstellen. Sollten Sie mit dieser Übung einen Volltreffer landen, wird Sie das wahrscheinlich nicht mehr überraschen. Denn Ihnen sind bereits in den vorherigen Schritten des WLS-Sinn-Kompasses die wichtigen Bausteine für eine unternehmerische Karriere begegnet.

Beispiel
"Ich bin der Gestalter meines Lebens!"

1. "Diese Aussage habe ich bisher nicht getroffen. Bei diesem Satz entsteht bei mir ein Gefühl des Unbehagens. Ich glaube nicht, dass sich das in Zukunft ändern wird."
2. "Diese Aussage habe ich bisher nicht getroffen. Bei diesem Satz entsteht bei mir ein Gefühl des Unbehagens. Ich halte es aber für möglich, dass sich das in meinem Leben noch ändern kann."
3. "Diese Aussage habe ich bisher nicht getroffen. Bei diesem Satz entsteht bei mir weder ein positives noch ein negatives Gefühl. Ich halte es für möglich, dass sich das in meinem Leben noch ändern kann."
4. "Diese Aussage habe ich bisher schon einmal getroffen. Bei diesem Satz entsteht eher ein gutes Gefühl. Ich denke, dass sich das in Zukunft so fortsetzt."
5. "Zu dieser Aussage von mir stehe ich. Bei diesem Satz entsteht bei mir ein gutes Gefühl. Ich denke, dass diese Sicht so bleiben wird."
6. "Zu dieser Aussage von mir stehe ich voll und ganz. Es entstehen sehr positive Gefühle. Ich denke, dass diese Sicht so bleiben wird."

Übung: Ihr Unternehmergeist

"Ich habe ein ausgeprägtes Interesse an Menschen!"

☐ ☐ ☐ ☐ ☐ ☐
1 2 3 4 5 6

"Ich habe ein positives Verhältnis zum Geldverdienen!"

☐ ☐ ☐ ☐ ☐ ☐
1 2 3 4 5 6

"Mir gefällt es, wenn ich im Umgang mit Menschen dazulerne!"

☐ ☐ ☐ ☐ ☐ ☐
1 2 3 4 5 6

"Ich spreche in meiner Freizeit gerne über berufliche Fragen!"

☐ ☐ ☐ ☐ ☐ ☐
1 2 3 4 5 6

"Ich beschäftige mich häufig mit Zielen und Plänen!"

☐ ☐ ☐ ☐ ☐ ☐
1 2 3 4 5 6

"Meine Fähigkeiten und Fertigkeiten weiß ich gut zu verkaufen!"

☐ ☐ ☐ ☐ ☐ ☐
1 2 3 4 5 6

"Fragen zur beruflichen Neuorientierung und Veränderung finde ich erfreulich und spannend!"

☐ ☐ ☐ ☐ ☐ ☐
1 2 3 4 5 6

"Wenn ich von einer Sache oder Person überzeugt bin, kann ich selbstsicher auftreten!"

☐ ☐ ☐ ☐ ☐ ☐
1 2 3 4 5 6

"Sobald ich begeistert bin, kann ich mich über die Bedenken meiner Partner und Angehörigen hinwegsetzen!"

☐ ☐ ☐ ☐ ☐ ☐
1 2 3 4 5 6

"Mit unsicheren Situationen kann ich gelassen umgehen!"

☐ ☐ ☐ ☐ ☐ ☐
1 2 3 4 5 6

"Ich möchte mit meiner Berufung gesehen werden!"

☐ ☐ ☐ ☐ ☐ ☐
1 2 3 4 5 6

"Wenn mir etwas sehr wichtig ist, bleibe ich diesem Ziel sehr lange treu!"

☐ ☐ ☐ ☐ ☐ ☐
1 2 3 4 5 6

"Um meine Ziele zu erreichen, kann ich über einen längeren Zeitraum Entbehrungen ertragen!"

☐ ☐ ☐ ☐ ☐ ☐
1 2 3 4 5 6

"Es fällt mir leicht, auf unvorhergesehene Ereignisse schnell und angemessen zu reagieren!"

☐ ☐ ☐ ☐ ☐ ☐
1 2 3 4 5 6

"Mir macht es Freude, immer mehr in meinem Spezialgebiet zu lernen!"

☐ ☐ ☐ ☐ ☐ ☐
1 2 3 4 5 6

"Mein Beruf nimmt einen großen Teil meiner Berufung ein, und ich investiere hier gerne viel Zeit!"

☐ ☐ ☐ ☐ ☐ ☐
1 2 3 4 5 6

"Ich habe wohl eher eine robuste und widerstandsfähige Natur!"

☐ ☐ ☐ ☐ ☐ ☐
1 2 3 4 5 6

"Erfolgreiche Menschen genießen meist meine ehrliche Anerkennung!"

☐ ☐ ☐ ☐ ☐ ☐
1 2 3 4 5 6

"Ich verbringe in der Freizeit viel Zeit mit Netzwerkgruppen, Parteien oder Vereinen!"

☐ ☐ ☐ ☐ ☐ ☐
1 2 3 4 5 6

"Mir ist eine ergebnisorientierte Vergütung lieber als ein festes Gehalt!"

☐ ☐ ☐ ☐ ☐ ☐
1 2 3 4 5 6

"Ich bin der Gestalter meines Lebens!"

☐ ☐ ☐ ☐ ☐ ☐
1 2 3 4 5 6

Auswertung

1. Schritt:
Sie haben 21 Fragen beantwortet, die in der Summe sehr bedeutsam für die persönlichen Herausforderungen als Unternehmer oder Freiberufler sind. Bitte berücksichtigen Sie bei der Auswertung: Kaum ein Unternehmer kann alle persönlichen Herausforderungen gleichermaßen gut und mit voller Freude schultern.

Um einen ersten Eindruck zu gewinnen, addieren Sie nun die Punktzahl.

2. Schritt:

Wenn Sie eine Punktzahl von 100 bis 126 ermittelt haben, sind Sie nahezu eine ideale Unternehmerpersönlichkeit. Sollten Sie bereits selbstständig sein, so hat Sie der WLS-Sinn-Kompass in Ihrem bisherigen Kurs bestärkt. Auch wenn fachliche oder finanzielle Aspekte noch gegen eine Unternehmerschaft sprechen sollten, bringen Sie den "Spirit" für eine selbstständige Mission mit. Im dritten Teil, dem Auswertungsteil Ihres WLS-Sinn-Kompasses, kann es für Sie um die Positionierung einer Geschäftsidee beziehungsweise eines Alleinstellungsmerkmals gehen.

Haben Sie mit der Übung eine Punktzahl von 75 bis 100 ermittelt, sind Sie als Persönlichkeit mit Ihrer Neigung gut für eine Selbstständigkeit geeignet. Allerdings gibt es in einigen Punkten noch persönlichen Klärungs- beziehungsweise Optimierungsbedarf. Wir werden im dritten Teil neben der Positionierungsfrage weitere wichtige Umsetzungsstrategien für Ihren WLS-Sinn-Kompass ansprechen.

Mit einer Punktzahl von 50 bis 75 sprechen nur einige Aspekte für eine berufliche Selbstständigkeit. Ihr Wunsch nach Gestaltungsfreiräumen und unternehmerischen Aufgaben ist nur in Teilen vorhanden. Sollten Sie als selbstständige Kraft in eine betriebliche Schieflage gekommen sein, könnten hier die persönlichen Ursachen liegen. Prüfen Sie mit Hilfe eines Unternehmensberaters die Situation. Gerade wenn Sie mit dem Ergebnis noch sehr unsicher sind, rate ich zu einer ruhigen Abwägung.

3. Schritt:

Beurteilen Sie nun Ihr Ergebnis und beurteilen Sie die Intensität Ihres Unternehmergeistes – liegt Ihnen die Selbstständigkeit oder tendieren Sie eher zur Arbeit als Fach- oder Führungskraft?

- ☐ Selbstständigkeit
- ☐ Fach-/Führungskraft

Magnetische Konzeptarbeit

»Nichts ist stärker als eine Idee, deren Zeit gekommen ist.«

(Victor Hugo)

Alle Erkenntnisse aus den vier Schritten zur Berufung werden nun in einem Schaubild verdichtet. Der Unternehmer, der mögliche Gründer oder der Bewerber um eine neue Fach- oder Führungsfunktion hat jetzt mit Hilfe des WLS-Sinn-Kompasses die eigene komplexe Persönlichkeit auf das Wesentliche konzentrieren können. Bildhaft füllen 16 mit Energie gefüllte Stichwörter das Schaubild zu Ihrer Berufung. Bilder sagen bekanntlich mehr als tausend Worte! Es sind die kreativen Techniken, durch die wir vernetzt denken – und durch die neue Ideen entstehen können. Übertragen Sie daher jetzt die Worte aus Ihren Übungen in Ihren WLS-Sinn-Kompass:

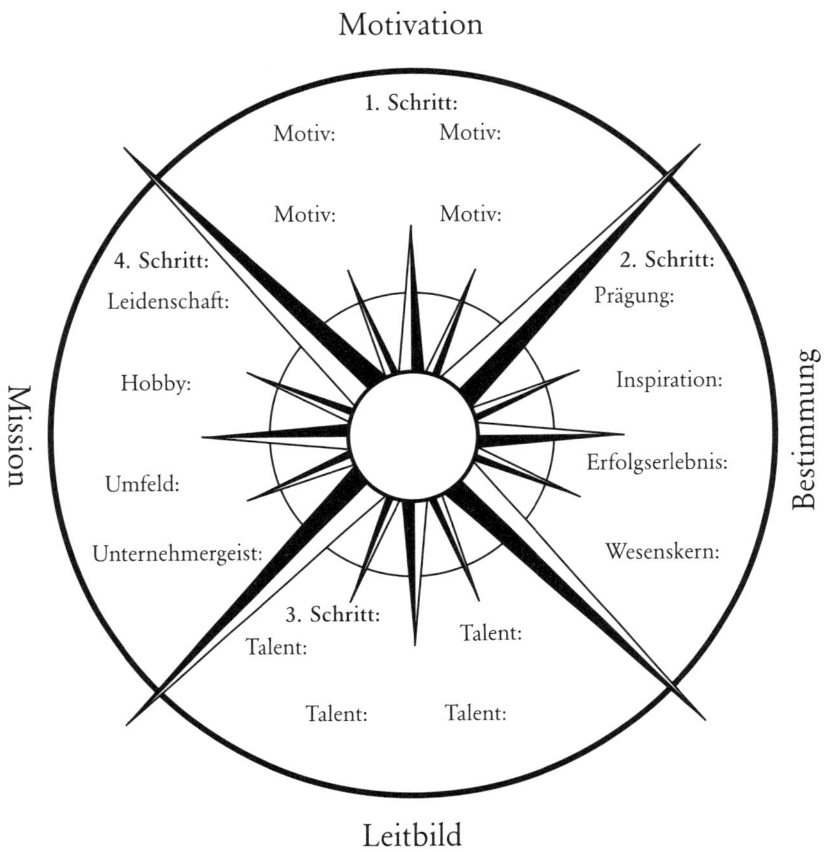
Motivation
1. Schritt:
Motiv:
Motiv:
Motiv:
Motiv:
2. Schritt:
Prägung:
Inspiration:
Erfolgserlebnis:
Wesenskern:
Bestimmung
3. Schritt:
Talent:
Talent:
Talent:
Talent:
Leitbild
4. Schritt:
Leidenschaft:
Hobby:
Umfeld:
Unternehmergeist:
Mission

Im dritten Teil muss es für Sie darum gehen, die Begeisterung für und die Überzeugung in Ihre Berufung zu stärken. Dabei soll Ihnen die folgende Affirmation helfen:

"Ich bin in der Lage, meine Berufung möglich zu machen!"

Die magnetische Konzeptarbeit ist das eigentliche Instrument einer über mehrere Wochen bis Monate angelegten ganzheitlichen Outplacement-Beratung. Die mit Lebendigkeit und Sinn gefüllten Daten in Ihrem Schaubild sind in der Lage, Ihre zentralen Bedürfnisse zu erfüllen. Damit Sie das glauben und entsprechend umsetzen können, benötigt Ihre Berufung ein glaubwürdiges Veränderungskonzept. Persönlicher Magnetismus heißt hier, dass zwischen Ihrem Schaubild und einem aussichtsreichen beruflichen Angebot eine mit positiver Energie aufgeladene Beziehung entsteht. Diese Energie ist es, die Ihre Berufung realisiert. Sie zieht also das in Ihr Leben, was Sie unter Erfüllung, Lebendigkeit und Sinn verstehen. Darum geht es, wenn Sie in diesem Teil Ihren "Berufungssog aktivieren"!

Ihr Schaubild kann durchaus weiter auf geduldigem Papier stehen. Doch Ihre bisherigen 16 Stichwörter sind das Ergebnis einer aufrichtigen inneren Arbeit. Was sich lebendig und sinnhaft anfühlt, hat im Außenkontakt immer einen entscheidenden Vorteil. Die Entdeckungsreise zu Ihrer Berufung wurde von Ihnen sicherlich als Balsam für Ihre Seele empfunden und kann in Teilen wie eine Seelsorge wirken. Doch in Wirklichkeit ist sie der wichtigste Bestandteil in der Vermarktung Ihrer Kernkompetenzen. Magnetische Konzeptarbeit und die vorherige Berufungsarbeit sind gleichermaßen Teile Ihres persönlichen Marketings. Deshalb sprechen viele Marketingexperten in dieser Prozessphase von der Entwicklung eines Markenkerns oder von der Konzentrierung auf ein Alleinstellungsmerkmal.

Das mag für viele wie das bekannte Wunschkonzert klingen, das in den letzten Jahren unter dem Stichwort LOA oder als "Gesetz der Anziehung" bekannt geworden ist. Betriebswirte wenden ein, dass dabei die persönlichen Potenziale und wissenschaftlich nachprüfbaren Methoden zu wenig Berücksichtigung finden. In Teilen stimme ich dieser Kritik sogar zu, da viele inspirierte Menschen die harte Umsetzungsarbeit ihrer erkannten Berufung scheuen. Dazu gehört die Konzeptarbeit, die einen sehr sorgfältigen und fleißigen Arbeitsprozess erfordert. Es kostet Zeit und manchmal sogar Beratungsunterstützung, bis aus dem Bild der Berufung eine ausgereifte Idee und eine überzeugende Strategie entstehen können.

Und selbst unter den akribischen Arbeitern, die viel Zeit und Energie investieren, reagieren einige mit Schrecken: Mit der Berufung ist die Botschaft der Einzigartigkeit verbunden. Wer sich erst einmal auf den Weg gemacht hat, wird sich kaum noch in die Schar der Profillosen einreihen können. Eine Berufung wirkt anziehend und abstoßend zugleich. Das Anderssein führt einerseits zur Reibung und zieht andererseits die Menschen an, die immer schon zu Ihnen gehört haben. Einige werden irritiert sein und sich gegebenenfalls von Ihrem wahren Wesenskern abwenden.

Wer bis jetzt gedacht hat, das Komponentenmodell suche den Schwerpunkt einseitig in der Sinnfindung und in der Lebendigkeit, erkennt spätestens in der magnetischen Konzeptarbeit: Die Erfüllung Ihrer materiellen Wünsche ist Teil des Sinn-Kompasses und braucht die ökonomischen Beziehungen, die den gegenseitigen Nutzengewinn erzeugen können. Das betrifft die Neupositionierung für eine Selbstständigkeit ebenso wie die Neuplatzierung auf dem Arbeitsmarkt. Nachdem die Berufung erkannt worden ist, sind somit die passenden Märkte zu erforschen, zu analysieren und die Auswertungsergebnisse transparent zu machen. Bis es zu einer tragfähigen Marktbeziehung kommt, die die Komponenten W + L + S gleichermaßen berücksichtigt, gilt es, einen oder sogar mehrere Marktpartner zu gewinnen. Dabei sollte die Konzeptarbeit folgende zwei Aspekte berücksichtigen:

1. Magnetische Positionierung

Nach Ihrer sorgfältigen Standortbestimmung im ersten Teil haben Sie die vier wichtigsten Elemente Ihrer Berufung im zweiten Teil erkannt. Mit Ihrem Schaubild entwickeln Sie die Ideen, die für den Markt einen Nutzen haben. Sie formulieren nach einer sorgfältigen Analyse Ihre Alleinstellungsaussage.

2. (Be-)Werbung mit Sinn

Die erste Berufung ist und bleibt Beziehung. Und deshalb erhalten Sie zum Abschluss vier wichtige Impulse für Ihren Weg in den Markt.

Magnetische Positionierung

Die Berufung ist nicht der Beruf, für den es eine ganz spezifische Stellenbeschreibung gibt. Die Berufung ist eine einzigartige Kombination von Bausteinen eines einmaligen Lebens. Ihr Schaubild macht es sichtbar, und Sie erkennen auf einen Blick die Dynamik hinter Ihren Worten! Die eigene Bestimmung, die eigene Mission, genährt durch das eigene Leitbild und die Motivationen, haben eine Verbindung untereinander. Dort, wo sich die Energiebahnen treffen, ist der eigentliche Sinn und Zweck unseres Lebens zu finden. Schauen und erkennen Sie, dass alle 16 Bausteine Ihrer Berufung und die damit verbundenen Bedürfnisse auf den Wunsch nach Liebe zurückgeführt werden können. Haben Sie im Workshop die Fragen mit Ihrer Selbstliebe beantwortet, können wir den nächsten Schritt gehen.

Häufig wird mir in dieser Phase entgegengehalten, dass die schriftliche Ausarbeitung eines Planes sehr viel Mühe und Überwindung kostet. "Am Ende sieht ja das Geschäft oder die Marktlage gänzlich anders aus als geplant", entgegnete mir einmal eine Existenzgründerin. Der Mehrheit von Unternehmern und Angestellten erstellt Pläne, um damit externe Adressaten wie Banken oder Arbeitsagenturen zufriedenzustellen. Es ist sogar richtig, dass die meisten der geplanten Daten nach wenigen Monaten korrigiert werden müssen. Wir lernen dauernd dazu, und die wachsenden Erkenntnisse führen Sie zu neuen Ideen. Ich allerdings bin geradezu ein Fan von Plänen, weil sie einen Teil der notwendigen Ideenfabrik darstellen. "Denken ist das wahre Geschäft des Lebens!" [9]

Das sagte zu Beginn des letzten Jahrhunderts der Amerikaner Charles F. Haanel, ein Geschäftsmann und Pionier für die geistige Erneuerung. Der strukturierte Denkprozess hilft bei der beruflichen Neuorientierung und hat das Ziel, die Krise des Augenblicks zu bewältigen, die Anforderungen zu verstehen und ein realistisches und erreichbares Konzept zu erstellen. Selbstverständlich ist der Umfang Ihres Konzepts abhängig von der Komplexität der Lebenssituation: So möchte der Abiturient wissen, welcher Studien- oder Ausbildungsweg für die nächsten vier bis sechs Jahre infrage kommt, welche Berufschancen bestehen und welche Maßnahmen hierzu ergriffen werden müssen. Um einiges komplexer ist jedoch das Anliegen eines selbstständigen Handwerksmeisters, der eine energiegeladene Idee auf dem Markt platzieren will. Damit also aus Ihrer Berufung ein tragfähiges Veränderungskonzept entstehen kann, beantworten wir in der Ideenfindungsphase die drei folgenden Fragen:

Welcher Beruf/welche Geschäftsidee passt zum Schaubild?
Welche Chancen habe ich damit auf dem Markt?
Wie formuliere ich daraus ein magnetisches Ziel?

Die Beantwortung dieser drei Fragen bildet den Abschluss der Visionstage beziehungsweise der Workshops zum WLS-Sinn-Kompass. Sie bereiten den Übergang zu den Kerndisziplinen eines ganzheitlichen Outplacements vor. Für das bessere Verständnis hilft uns dabei das Schaubild unseres Praxisfalles:

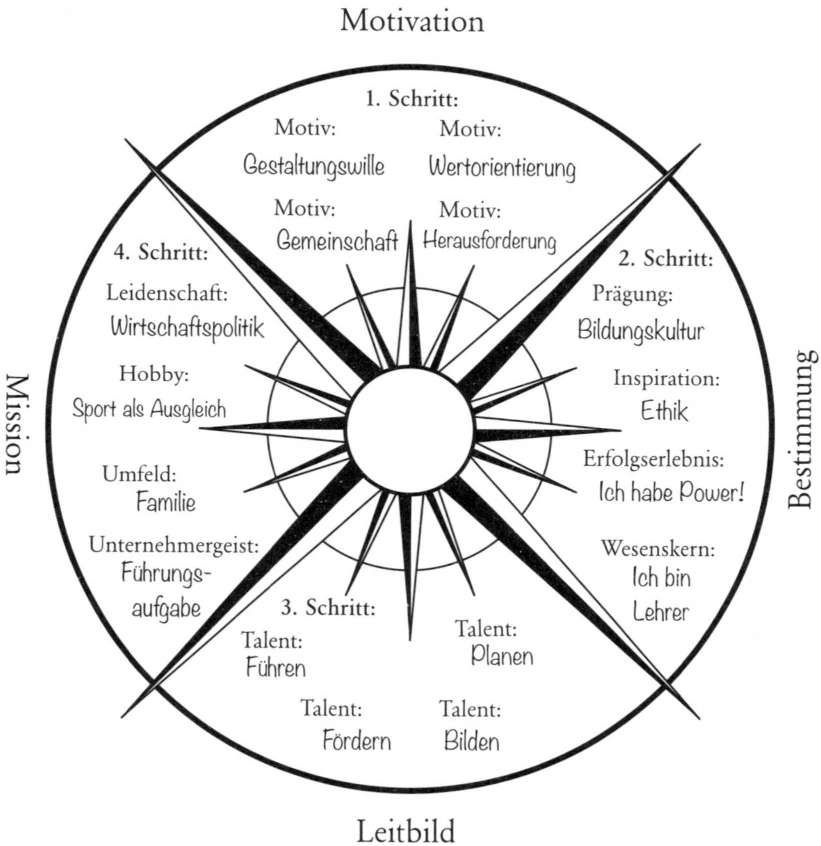
Motivation
1. Schritt:
Motiv:
Gestaltungswille
Motiv:
Wertorientierung
Motiv:
Gemeinschaft
Motiv:
Herausforderung
2. Schritt:
Prägung:
Bildungskultur
Inspiration:
Ethik
Erfolgserlebnis:
Ich habe Power!
Wesenskern:
Ich bin
Lehrer
Bestimmung
3. Schritt:
Talent:
Führen
Talent:
Planen
Talent:
Fördern
Talent:
Bilden
Leitbild
4. Schritt:
Leidenschaft:
Wirtschaftspolitik
Hobby:
Sport als Ausgleich
Umfeld:
Familie
Unternehmergeist:
Führungs-
aufgabe
Mission

Ideen entwickeln

Mit dem von Ihnen ausgefüllten Schaubild entstehen die ersten Gedanken zu möglichen Berufsbildern oder Geschäftsideen. Ihre vier Schritte und die darin enthaltenen Übungsschritte haben neue Gedanken erzeugt oder bisherige Überlegungen bestätigt. Die Mehrheit der Teilnehmer hat bereits bei der Erkenntnis ihres persönlichen Leitbildes eine Ahnung, wohin der berufliche Weg geht. Manchmal sind Teilnehmer enttäuscht, weil das Schaubild das vorhandene Berufsbild oder die aktuelle Studienrichtung bestärkt. Andere erkennen die Vielfalt der unterschiedlichen Themen, Interessen und Leidenschaften. Gerade den Generalisten unter uns fällt es manchmal schwer, das alles verbindende Element zu erkennen. In jedem Fall reihen sich Gedanken an Gedanken, sobald Sie das Schaubild erstellt haben. Wie lange werde ich brauchen, um den Beruf ausüben zu können? Habe ich die Fähigkeiten, dieses Studium zu schaffen? Werde ich mit dieser Idee eine Bank überzeugen können? So in etwa lauten die Fragen, die Ihnen im Anschluss an den Workshop in den Sinn kommen können, und jede klingt im ersten Moment vernünftig. Ich bitte Sie, an dieser Stelle nicht zu verzagen und der Kreativität in Ihnen eine Chance zu geben. Die Phase der Ideenentwicklung braucht Zeit, und durch eine beharrliche Gedankenarbeit werden die Ergebnisse noch ausgereifter werden.

Haben Sie schon einmal einen eigenen Cocktail entwickelt? Wie häufig haben Sie die Bestandteile gemischt, bevor Sie den Cocktail Ihren Lieben serviert haben? Eine Ideenwerkstatt ist nichts anderes: Sie haben in den vier Schritten zu Ihrer Berufung erkannt, welche kreativen Fähigkeiten in Ihnen stecken. Ein Denker liebt die Ruhe und entwickelt durch ein Gespräch mit einem vertrauten Freund neue Ideen. Der Genießer fühlt sich häufig in Meetings wohl und kann durch Brainstorming neue Ideen entwickeln. Sofern Sie gerne schreiben, hilft Ihnen ein Tagebuch, die eigenen Gedanken zu ordnen. Gehören Sie zu den künstlerischen Typen, kann Ihnen Malen helfen.

In meinem Buch *Lebe deine wirkliche Berufung* haben zwei Gastautoren zu diesem Thema Stellung bezogen: Andrea Leitold bietet in ihren visionären Malkursen die Chance, die Berufung zu einem Kraftbild werden zu lassen: "Wenn diese Vision des Herzens auf Papier oder Leinwand gebracht wird, kommt ein erstaunlicher Prozess in Gang. Für das Unterbewusste ist mit dem Fertigstellen des Bildes die Vision bereits in der Wirklichkeit angekommen. Damit hat es einen konkreten Arbeitsauftrag und fängt sofort mit der Umsetzung an, das heißt, es erschafft Gelegenheiten, um unseren Traum zu verwirklichen."[10] Eine andere Vorgehensweise favorisiert die Autorenberaterin Anne-Kerstin Busch: "Natürlich kann man sich immer wieder in den kühnsten Farben vorstellen, wie es sein wird, wenn man sein Ziel erreicht hat. Effektiver ist es jedoch, dass man sich seine Träume durch Schreiben manifestiert."[11] Diese Manifestationsansätze haben sich bewährt. Denn eine Vision ist immer mit der bewussten Bereitschaft verbunden, ein gewünschtes Ereignis vor dem geistigen Auge entstehen zu lassen und es bereits jetzt zu fühlen. Ich empfehle Ihnen daher die folgenden Arbeitsschritte für die Ideenentwicklung:

1. Arbeitsschritt: Wählen Sie den Startzeitpunkt!

Wählen Sie einen realistischen Zeitpunkt, an dem Sie Ihr erstes Etappenziel erreicht haben wollen. Wenn es Ihnen im Workshop um Ihre Studienwahl geht, wird es der Einführungstag an der Hochschule sein. Sofern Sie im Workshop erkannt haben, dass Sie ein Unternehmen gründen wollen, kann es die Abgabe Ihres Businessplanes bei der Agentur für Arbeit sein. Dieser Zeitpunkt sollte in wenigen Wochen bis Monaten liegen. In Ihrer Phantasie stellen Sie sich vor, Sie hätten diese vor Ihnen liegende Positionierungs- und Entscheidungsaufgabe mit Erfolg gemeistert.

Im Falle von Carsten vereinbarten wir für die Outplacement-Beratung einen Zeitraum von drei Monaten. Das anvisierte Ende unserer Beratungsreihe sollte somit sein gewünschter Starttermin sein.

2. Arbeitsschritt: Schreiben Sie an zwei Freunde!

Sie konzentrieren sich in diesem Schritt auf die Situation am Tag nach Ihrem erfolgreichen Start. Zu diesem Zeitpunkt sind Sie froh und glücklich, denn Sie haben Mut entwickelt und die Leinen losgelassen. Sie schreiben einen Brief aus Ihrer Zukunft an zwei gute Freunde. Wählen Sie dazu zwei Personen, die sich auf Ihr Ziel einstellen können. In diesem Brief geht es um einen sehr kurz gefassten, positiven Bericht über das erreichte Ziel. Wichtig ist, dass Sie in diesem Brief nicht die Bezeichnung des Berufszieles, die Studien- oder Ausbildungswahl oder eine Geschäftsidee erwähnen. Stattdessen beschreiben Sie in dem Brief bildhaft, wie es Ihnen zu dem Zeitpunkt nach Ihrem geglückten Start geht. Beschreiben Sie das Ziel mit den Wörtern oder Wortpaaren Ihres Schaubildes. Wählen Sie dabei die Wörter, die Sie tatsächlich mit Selbstliebe verbinden können. Wörter, die in Ihnen noch Zweifel auslösen, sollten Sie meiden. Spüren Sie, wie Sie sich fühlen werden, wenn Sie diese Erkenntnisse in Ihr Leben gebracht haben.

Carsten wählte eine andere Form. Für ihn stand schon am Ende des Workshops sein zukünftiger Weg fest. So traf er sich im Anschluss mit einem guten Freund, der als Personalberater einen guten Einblick in seine Situation hatte. Beide kamen mit Hilfe des Schaubildes zu dem Ergebnis, dass er sich um eine Position als Geschäftsführer in einem Bildungsunternehmen bewerben sollte.

3. Arbeitsschritt: Feedback von Ihren Freunden

Haben Sie den Mut, den kurzen Bericht über das realisierte Ziel Ihren Freunden, Ihrem Ehepartner oder Ihren Angehörigen vorzulegen. Bitten Sie die Freunde, den Brief in aller Ruhe zu lesen. Je klarer und eindeutiger Sie Ihr Berufsziel sowie Ihre Lebensmotive, Ihre Talente, Ihre Bestimmung und Ihre Mission beschreiben, desto klarer wird Ihren Freunden Ihr Vorhaben. Es ist sehr wahrscheinlich, dass Ihre Freunde intuitiv erkennen, womit Sie im Berufsleben glücklich und erfolgreich sein wollen. Bitten

Sie die Freunde dennoch, ihre Ideen und Impulse stichwortartig auf einem leeren Blatt zu notieren.

4. Arbeitsschritt: Recherche in Jobbörsen

Während sich Ihre Freunde ein paar Tage mit Ihrem Brief beschäftigen, studieren Sie eine Jobbörse im Internet. Insbesondere wenn es um eine Berufswahl oder einen Berufswechsel gehen wird, rate ich meinen Teilnehmern zur Recherche in der Jobbörse der Agentur für Arbeit. Hier finden Sie einen Überblick über die Jobfamilien. Schreiben Sie die Jobfamilien auf ein leeres Blatt, die mit Ihrem Bericht korrespondieren. In der Jobbörse erkennen Sie, dass jede Jobfamilie in kleinere Familien aufgeteilt wird. In jeder kleineren Jobfamilie finden Sie Berufsfelder mit Jobangeboten für Fach- und Führungskräfte. Notieren Sie in diesem Schritt alle Berufsfelder, die für Sie interessant sein könnten. Bitte beachten Sie für den Augenblick, dass es in dieser Phase noch nicht um die Analyse der Ideen geht.

5. Arbeitsschritt: Recherche Firmendatenbanken

Sollten Sie bei sich eindeutig eine Bestimmung zum Unternehmer erkannt haben, kann Ihnen eine Jobbörse wenig bis gar nicht helfen. Ihr WLS-Sinn-Kompass hat Ihnen möglicherweise bestätigt, dass Sie in der Selbstständigkeit Ihr Glück finden. Es kann für Sie darum gehen, das vorhandene Geschäftsfeld in den nächsten Schritten zu positionieren. Vielleicht sind Sie mit Hilfe der Berufungsarbeit zu der Erkenntnis gekommen, dass ein Geschäftsfeldwechsel notwendig wird. In diesem Fall helfen Firmendatenbanken, Ideen zu entwickeln. Notieren Sie sich auf einem leeren Blatt die Branchen, die für Sie von Interesse sind. Eine Analyse der Geschäftsfelder erfolgt später.

6. Arbeitsschritt: Ideenauswertung

Gemeinsam mit dem Schaubild, dem Brief aus der Zukunft, den Notizen Ihrer Freunde und Notizen aus den Datenbanken liegen Ihnen einige Ideen vor. Einige Berufs- und Geschäftsbilder sind mit Anforderungen und Marktzulassungskriterien verbunden, die Sie gegebenenfalls im Augenblick nicht oder noch nicht erfüllen. Lassen Sie in diesem Arbeitsschritt die gewagten Ideen zu. In der Phase der Ideenauswertung geht es darum, all die Ideen zu markieren, die eine große Übereinstimmung mit Ihrem WLS-Sinn-Kompass haben.

Anforderungsanalyse

Es wird Sie nicht überraschen, wenn ich von der Wirkkraft des folgenden Satzes sehr überzeugt bin: "Und alles, was ihr im Gebet erbittet, werdet ihr erhalten, wenn ihr glaubt." (MT 21,22) Ich möchte Sie an dieser Stelle ermutigen, nicht vorschnell vor zu hohen Anforderungen zurückzuschrecken. Wenn ein Visionär sein Ziel mit Liebe verbinden kann, kann er selbst bei anfänglich geringen Fähigkeiten mit der Zeit Berge versetzen. Der mit einem günstigen Fähigkeitsprofil gesegnete Berufstätige kann an seinen Anforderungen scheitern, wenn die förderliche Herzensbeziehung zu seinem Berufs- und Geschäftsbild fehlt. Deshalb starten Sie zunächst mit dem Vergleich von Fähigkeits- und Anforderungsprofil. Zum Fähigkeitsprofil zählt das Entwicklungspotenzial, und es hat in einem dynamischen Konzept einen großen Stellenwert.

1. Arbeitsschritt: Erfassung der sachlichen Faktoren

Zu den sachlichen Faktoren gehören unter anderem die Infrastruktur am Arbeitsort, die Situation am Arbeitsplatz, die Arbeitsorganisation, die Gehaltsstruktur der Branche und die notwendigen Betriebsmittel. Geht es um die Nutzung des Entwicklungspotenzials, müssen die Informationen zu den Ausbildungs- und Studiengängen beschafft und ausgewertet werden. Die Erfahrung zeigt, dass die Zeit für die Datengewinnung und Informationsverarbeitung nicht zu knapp bemessen sein darf. So sah sich Carsten der Notwendigkeit ausgesetzt, sich mit einer neuen Branche und deren Eigenheiten gezielt auseinanderzusetzen. Damit er die Aufgabe in einem Bildungsinstitut bewältigen konnte, musste er sich vorher über die Anforderungen genauestens informieren. Hier ist es die zentrale Aufgabe einer ganzheitlichen Outplacement-Beratung, relevante Ansprechpartner zu ermitteln und Möglichkeiten für Informationsgespräche zu schaffen. Wir verschafften Carsten die Gelegenheit zu Gesprächen im berufsnahen Umfeld. Sachkundige Ansprechpartner konnten ihm die Kriterien vermitteln, die für die Anforderungsbeschreibung wichtig waren. Eine Vielzahl der Anforderungen deckte sich mit denen im Kurs erkannten Bausteinen. Doch die Anforderungsanalyse machte ebenso mit den kritischen Punkten vertraut: Mit den sachlichen Faktoren im Bildungswesen waren ein wahrscheinlicher Wohnortwechsel, ein höheres Maß an Überstunden als bisher und eine branchenabhängige Reduktion der Einkünfte verbunden. An diesem Praxisbeispiel wird deutlich, wie wichtig eine Erfassung aller sachlichen Daten ist, bevor die Entscheidung getroffen werden kann.

2. Arbeitsschritt: Erfassung der persönlichen Faktoren

Mit dem ersten Ideenbericht, ausgedrückt in dem Brief an Ihre Freunde, haben Sie eine Vielzahl von individuellen und sozialen Faktoren benannt, die Ihnen in Ihrem neuen Wirkungsfeld wichtig sind. Diese persönlichen Kriterien können Sie um weitere rationale Kriterien, wie Ihre fachliche Eignung und die Fähigkeit, die notwendigen Entwicklungsphasen vorzufinanzieren, ergänzen. Daraus können Sie ein Fähigkeitsprofil entwerfen, mit dem Sie dem erstellten Anforderungsprofil begegnen. Anforderungs- und Fähigkeitsprofil sind selten deckungsgleich. Es gilt jetzt festzustellen, wie groß die Übereinstimmung zwischen Ihnen und Ihrer Idee ist.

3. Arbeitsschritt: Notwendige Anpassungsmaßnahmen

Jede persönliche Qualifizierungsmaßnahme, ob Ausbildung, Meisterschulung, Studium oder Promotion, ist eine notwendige Anpassungsmaßnahme. Sie sollte dann Teil eines magnetischen

Konzeptes werden, wenn Sie sie mit Ihrer Berufung verbinden können. Dann schenkt jedes Lernen Freude und Zuversicht. Ebenso ist eine Outplacement- oder Existenzgründungsberatung eine solche Förderung zur Anpassung zwischen den sachlichen und persönlichen Faktoren. Da es den Idealzustand der Kongruenz zwischen den Anforderungen und den persönlichen Faktoren kaum gibt, muss zunächst das vorhandene Ungleichgewicht sachlich bewertet werden. So erkannte Carsten, dass die Idee der Geschäftsführung in einem Bildungshaus zu einem sehr viel größeren Gestaltungsfreiraum führen würde. Dieser für ihn große Anreiz deckte sich allerdings nicht mit seinen bisherigen beruflichen Erfahrungen. Zwischen dem Wollen und dem Können existierte in der Anforderungsanalyse ein zunächst unangenehmer Spannungszustand. Ihm wurde durch den nüchternen Vergleich der Faktoren klar, dass die fachliche Einarbeitung eine lange und intensive Zeit werden würde.

Bedarfs- und Mitbewerberanalyse

Meines Erachtens ist die mit Abstand wichtigste Aufgabe innerhalb der Konzeptphase die Bedarfs- und Mitbewerberanalyse. Auch wenn sich der Zeitraum und die Intensität dieser Aufgabe je nach Idee deutlich unterscheiden kann: Planen Sie als Kandidat in einer klassischen Outplacement- oder in einer Gründungsberatung eine längere Zeit für diese Aufgabe ein. Haben Sie Geduld und lassen Sie sich nicht zu früh zu einer vorschnellen Entscheidung verleiten. Sie haben die besten Chancen auf einen Job, der glücklich macht, wenn Sie alle Parameter der Informationsbeschaffung und Informationsauswertung berücksichtigen. Natürlich stellt sich bei neuen Ideen oft die Frage, ob es dazu die passenden Stellenangebote gibt. Überschätzen Sie jedoch nicht den offenen Stellenmarkt. So werden Stellenanzeigen von Personalabteilungen und Personalvermittlungen meist erst dann geschaltet, wenn der Bedarf über günstigere Vertriebskanäle nicht erfüllt werden konnte. Sich neu orientierende Berufstätige bewegen sich nach wie vor gerne auf konventionellen

Wegen. Doch Sie kommen bei diesem Weg meist nur dann zum Erfolg, wenn Ihr Fähigkeitsprofil exakt auf das Stellenprofil des Unternehmens passt. Sie müssen hier schon sehr früh, häufig viel zu früh Farbe bekennen. Wer aber proaktiv seine Berufung umsetzen möchte, tut gut daran, die Positionierungsaufgabe mit einem unternehmerischen Bewusstsein zu behandeln. So definierte Carsten seinen gewünschten Arbeitgeber als optimalen Zielkunden. Über das soziale Geschäftsnetzwerk XING kontaktierten wir Personalleiter und Geschäftsführer, die Carsten gerne Fragen zu seiner beruflichen Neuorientierung beantworten wollten. Für alle, die XING noch nicht kennen: XING kann als eines der wichtigsten sozialen Netzwerke für Business-Kontakte in Deutschland angesehen werden. Über XING können Sie passende berufliche Kontakte relativ einfach gewinnen und sich anschließend zu einem Gespräch verabreden. Das gelang Carsten in den Fällen, wo die Mitbewerber in ganz anderen Regionen unterwegs waren und keine Konkurrenzsituationen entstehen konnten. Er war im Anschluss sehr überrascht, wie viele Berufstätige für ein kurzes Telefonat zur Verfügung stehen und bereitwillig von ihren Erfahrungen in vergleichbaren Positionen berichten wollten. Durch die Gespräche sammelte er Erkenntnisse über die Wünsche seines Zielunternehmens, die er über die Informationen in einer Stellenanzeige oder über eine Firmenhomepage nicht erhalten hätte.

Bevor Sie also mit Ihrer Idee nach außen gehen, definieren Sie Ihren Zielkunden und nehmen Sie Gespräche mit möglichen Adressaten auf. Noch ist Ihre Idee kein konkretes Angebot oder verkaufsfähiges Produkt. Sie sprechen mit Ihrer Zielgruppe über Ihr Vorhaben und Ihre Zweifel. Sie lesen richtig: Wenn Sie an Ihre Berufung glauben, muss Ihr Zielkunde der erste Verbündete werden. Einwände und kritische Überlegungen helfen Ihnen in der Konzeptphase dabei, alle Daten Ihrer Idee auf Tauglichkeit zu überprüfen. Gleichzeitig erfahren Sie etwas über die Probleme Ihres Kunden. Mit der Bedarfs- und Mitbewerberanalyse hat das erste Trainings- und Optimierungsprogramm für die Schärfung

Ihres Unternehmergeistes begonnen. Eine intensiv durchgeführte Bedarfs- und Mitbewerberanalyse versetzt Sie schon vor dem Start in die Lage, aktiv zu handeln, als seien Sie bereits in der neuen Tätigkeit zu Hause.

Alleinstellungsaussage

Ein Alleinstellungsmerkmal ist ein sehr anspruchsvolles Ziel. Die Ergebnisse aller bisherigen Arbeitsschritte münden in dem letzten Positionierungsschritt. Das Ziel ist deshalb sehr anspruchsvoll, weil es Sie zum einen zur Konzentration auf das Wesentliche auffordert. Zum anderen führt der Begriff zu der Vorstellung, ein Alleinstellungsmerkmal sei wie ein Privileg nur einer geringen Anzahl von Berufstätigen vorbehalten. So geraten einige in die Versuchung, darin den Aufruf zur Überheblichkeit oder Übertreibung zu sehen. Sie verwechseln das Besondere eines Patents mit dem Einzigartigen einer Positionierung. Doch nachhaltige Anziehung bewirkt meiner Ansicht nach nur der, der die Einzigartigkeit und das Anderssein als etwas begreift, das jedem Menschen geschenkt ist!

Einigen fällt es auch noch nach Wochen der Neuorientierung schwer, die Vielseitigkeit im WLS-Sinn-Kompass auf wenige Größen zu reduzieren. Hier zeigt sich die Schwierigkeit, die gewonnenen und gewichteten Daten zu einem Bild zusammenzuführen. Zur Zuspitzung auf einen entscheidenden Punkt. Ein weiteres Problem besteht in der Unterscheidung von Berufung und Alleinstellungsmerkmal. Ein Alleinstellungsmerkmal ist auf den Arbeits- und Berufsmarkt gerichtet und verbindet die eigene Berufung und die Bedürfnisse des Zielkunden. Wenn die Marktanalyse und die sachlichen Faktoren nicht intensiv mit diskutiert werden, wird die eigentliche Zielsetzung verpasst: Wir können nur glücklich und zufrieden mit unserer Berufung sein, wenn es gelingt, die Beziehung zum Zielkunden herzustellen. Die Probleme und Träume des Zielkunden müssen sich mit der eigenen Berufung vermischen.

Der entscheidende Schritt zu einem magnetischen Konzept ist die Ausarbeitung eines Executive Summary. Wie ein Elevator Pitch geht es bei dieser schriftlichen Zusammenfassung darum, sich selbst und Ihren möglichen Zielkunden zu begeistern. In wenigen Sätzen, maximal eine Seite lang, wird Ihr berufliches Angebot auf den Punkt gebracht. Beginnen Sie dabei mit den Bedürfnissen und Sorgen Ihrer Zielkunden. Beschreiben Sie den Wesenskern der Zielgruppe, und machen Sie deutlich, dass Ihre Talente, Ihre berufliche und persönliche Vita, Ihre Motivation und Ihre Bestimmung Sie dazu ermutigt haben, eine Lösung und passende berufliche Angebote zu formulieren. Ihr professionelles Angebot stellt sowohl einen Nutzen für Ihren Zielkunden als auch für Sie dar.

Übung: Entwickeln Sie Ihre Alleinstellungsaussage

Frage 1: Richten Sie das Augenmerk auf einen Zielkunden, mit dem Sie sich wohlfühlen! Der Zielkunde/Zielarbeitgeber sollte ein natürliches Interesse an Ihrer Berufung haben. Für die spätere Inszenierungs- und Profilierungsarbeit ist es von großer Bedeutung, dass Sie die Merkmale (Alter, Wohnort, Geschlecht, Lebensmotto, Verhalten, Werte etc.) für Ihr Konzept notieren!

____

____

____

____

Frage 2: Welche der in der Marktanalyse ermittelten Probleme, Bedürfnisse und Ziele des Zielkunden/Zielarbeitsgebers sprechen Sie aufgrund Ihrer Erfahrungen an? Entscheiden Sie sich am Ende für eine Bedürfnis-Nutzen-Aussage!

____

____

____

____

Frage 3: Ihr Zielkunde/Zielarbeitgeber verbindet mit seinen Zielen ein inhaltliches Thema. Passt Ihre Leidenschaft und die damit verbundene Lösungskompetenz zu den Bedürfnissen des Zielkunden? Haben Sie aufgrund Ihrer Bedarfs- und Mitbewerberanalyse erkannt, dass Sie sich mit Ihrer Herangehensweise von den Mitbewerbern unterscheiden?

Frage 4: Betrachten Sie die Punkte, die zwischen Ihnen und Ihrem Zielkunden/Zielarbeitgeber eine energiegeladene, positive Vertragsbeziehung schaffen können. Können Sie mit Hilfe Ihrer Qualifikation und Ihrer Fertigkeiten eine Lösung oder ein passendes Angebot entwickeln?

Beschreiben Sie nun in einem Executive Summary Ihr konkretes, auf den Zielkunden abgestimmtes Angebot sowie Ihren WLS-Sinn-Kompass.

Auswertung

1. Arbeitsschritt: Beschreiben Sie Ihr Kernziel

Sie haben mit der Übung alle wichtigen Informationen für Ihr Executive Summary ermittelt. Beschreiben Sie mit spannenden Worten Ihr angestrebtes Alleinstellungsmerkmal, das, ausgehend von den Bedürfnissen Ihres Zielkunden oder Zielarbeitgebers, sowohl Sinn als auch Lebendigkeit stiftet.

2. Arbeitsschritt: Starten Sie jetzt mit dem Projekt

Sofern es eine Differenz zwischen Ihren persönlichen Faktoren und den sachlichen Faktoren des Alleinstellungsmerkmales gibt, hat das Veränderungskonzept alle Anpassungsmaßnahmen zu beschreiben. Das Konzept wird dann zu einem Fahrplan mit klaren Projektzielen. Häufig sind nur geringfügige persönliche Anpassungsmaßnahmen zu planen. Zu jeder Gründungsphase gehören Seminare, Produktschulungen und Unternehmensberatungen. In der Bewerbungsphase können Vorstellungsrunden eingeübt werden. Doch wenn eine Ausbildung oder sogar ein Studium für den Neustart notwendig wird, hat das Veränderungskonzept eine langfristige persönliche Karriereplanung zum Inhalt.

Ebenso verhält es sich mit den sachlichen Faktoren: Wenn Ihre Geschäftsidee weitere Geschäftspartner wie Kooperationen und Finanzgeber benötigt, wenn noch Innovations-, Investitions- und Finanzierungsbedarf ermittelt werden muss, wenn eine Vielzahl von organisatorischen Fragen in Geschäftsbetrieb und Verwaltung zu klären sind, sollten Sie gemeinsam mit Ihrem Berater einen Businessplan schreiben.

(Be-)Werbung mit Sinn

"Wer in einem zentralen Punkt festen Halt hat,
kann unglaublich weit fliegen."
(Richard Rohr)

Wie aber kommt es, dass so viele Ideen und Träume in der Schublade verschwinden? Warum setzt der ein oder andere Teilnehmer seine Vision nicht oder nur zaghaft um? Es gibt sicher nicht den einen Grund. Ich beobachte viele Gründe, doch einige wiederholen sich: Wir Menschen sind Gewohnheitstiere, und je älter wir werden, desto weniger schaffen es viele von uns, aus den bequemen Lebensumständen herauszutreten und die Veränderung anzustoßen. Selbst Experten, die sich ständig mit Change-Prozessen beschäftigen, sprechen sich davon nicht frei. Thomas Mann schrieb einmal zur Macht der Gewohnheit: "Die Gewohnheit ist ein Seil. Wir weben jeden Tag einen Faden, und schließlich können wir es nicht mehr zerreißen."

In der Phase von Bewerbung und Werbung können sich zudem Unwilligkeit, Unlust bis hin zu starken Zweifeln melden. Der Zweifel hat eine große Macht, und er lässt Gefühle der inneren Zerrissenheit entstehen. Die Gedanken an die Stellensuche, die Entwicklung eines Vertriebsplanes, die Vorbereitung auf Kreditgespräche bei Banken und die Erstakquisition können mehr Druck als Freude auslösen. Ist das die Mühe wirklich wert? Was ist, wenn ich am Ende beim Verkauf meiner Idee scheitere? Ist das formulierte Berufsziel wichtig genug? Wenn man ehrlich ist, werden die meisten von uns zugeben müssen, dass es eine innere Stimme gibt, die uns das Fürchten lehren will.

Angst ist ein natürliches Gefühl, und sie ist wie der rationale Geist ein nützlicher Diener für die Gestaltung des praktischen Lebens. Doch leider ist sehr viel mehr daraus geworden: Der rationale Geist wurde zum Ego und beherrscht über weite Strecken das Lebenswerk. Das ängstliche Ego warnt und will uns glauben machen, die begrenzte Lebenszeit wäre zu wichtig, um sie für einen nebulösen tieferen Sinn zu gefährden. Schließlich könnten wir Schiffbruch erleiden, und damit lenken wir den Gedankenstrom auf das Existenzrisiko. Das falsche Selbst will weiterhin wichtig bleiben und warnt vor der Veränderung. In Wirklichkeit aber sind weder Sie, meine Person noch irgendeine erfolgreiche Persönlichkeit wichtig. Verstehen Sie mich richtig: Ihr irdisches Leben und das, was Sie sich bisher mühsam erarbeitet haben, ist durchaus wertvoll. Nicht weniger wertvoll sind jedoch Ihre Träume, die Sie als Mahnung Ihrer Seele einstufen dürfen. Und Ihre Seele ist die eigentliche Quelle Ihrer Lebendigkeit.

Wir wissen es längst und haben es bereits erlebt. An besonderen Tagen, wenn wir ein Neugeborenes in den Händen halten oder einen geliebten Menschen verlieren, hören wir die Klingel schellen, von der Paulus sprach. Wir können sogar mitschwingen, wenn Jesus sagt: "Was nützt es dem Menschen, wenn er die ganze Welt gewinnt und dabei seine Seele verliert?" (LK 9,25) Ihre Berufung entspringt Ihrer unsterblichen Seele, und sie ist die Quelle von Lebendigkeit und Sinn.

Wir konzentrieren uns daher in diesem letzten Teil des Buches auf den Aufbau des Mut-Muskels, mit dem wir unglaublich weit fliegen können. Ich verwende die Metapher des Muskels, weil eine ganzheitliche Outplacement-Beratung einem Ermutigungs- und Sinntraining gleicht, das Anstrengung und Disziplin verlangt. Wenn Sie den Weg in Ihr eigenes Gründungsprojekt antreten oder die Stellensuche angehen: Die Bewerbung oder Werbung erfordert Sinn und großen Mut. Mutig ist für mich ein Mensch, der sich ehrlich zu seiner Angst bekennt. Er geht weiter der erkannten

Berufung entgegen - und zwar deshalb, weil er an die Zugehörigkeit zu einem Urgrund des Seins glaubt. Dieser Begriff mag sehr pathetisch klingen, doch ich kenne keinen besseren, der dem Sinn und der Liebe näherkommen würde. So können wir es als die universale Energie bezeichnen, die den liebevollen Halt verspricht. David Steindl-Rast hat diese Kraft als den Wegweiser in die Richtung jener vertrauensvollen Zugehörigkeit bezeichnet, die allein dem Leben Sinn schenkt. "Nichts ist uns Menschen wichtiger, als im Leben Sinn zu finden." [12]

Damit Sie Ihrem Ziel, die wirkliche Berufung zu leben, näher kommen, ist eine Bewerbung und Werbung mit Sinn notwendig. Hierzu möchte ich Ihnen vier sinnvolle Impulse geben:

1. Impuls: Werben/bewerben Sie immer authentisch!

Ich möchte Ihnen nahelegen, jede Form der Abspaltung Ihrer unansehnlichen Vitaanteile, Ihrer Schattenseiten und Ihrer tragischen Momente zu vermeiden. Dies ist nicht als eine sinnvolle Strategie des Marketings zu betrachten. Alles, was Sie in Ihrem Bewerbungs- oder Werbeprozess beherzigen, findet auf Augenhöhe zwischen Angehörigen der Menschheitsfamilie statt. Ich betone die Menschheitsfamilie, zu der Ihre zukünftigen Vertragspartner ebenso gehören.

Ich habe in der Beratung von Stellensuchenden und Gründern die Erfahrung gemacht, dass die im Kurs gewonnene stimmige Haltung wieder verloren geht, sobald wir uns den Aufgaben des Vertriebs zuwenden. Wir haben es uns durch die eigenen Erfahrungen mit der Werbung zur Gewohnheit gemacht, den Blick auf die Sonnenseiten unserer Profession zu lenken. Dadurch entsteht das angsterzeugende Gefühl, im Verkaufsprozess gehe es in erster Linie um Bewertung und Beurteilung. Die Verkrampfung entsteht dort, wo wir das Ganze nicht sichtbar machen. Überall dort, wo das Wettbewerbsdenken dominiert, entsteht das Gefühl der Trennung. Nichts anderes ist das Gefühl der Angst, das Gegenteil von Liebe.

Deshalb führt der erste Paradigmenwechsel, sofern er überhaupt für Sie notwendig wird, zu einer grundlegend anderen Einstellung gegenüber Ihrem möglichen Auftrag- und Arbeitgeber. Denn wenn Ihre Berufung wahr ist, muss sie für Ihren Auftrag- und Arbeitgeber ebenso wahr sein. "Hier stehe ich und kann nicht anders", das ist für mich der bedeutendste Satz, den jemals ein Deutscher gesagt hat. Übersetzt heißt für mich der Satz von Martin Luther, dass die erste Berufung Beziehung ist. Wenn meine Berufung wahr ist, muss sie ganz und mit allen meinen Bausteinen für Sie sichtbar werden. Sie haben es längst bemerkt: Das ist in meinen Publikationen, Workshops und Beratungen stets eines meiner Anliegen. Die Berufung ist die Liebe zu meinem Tun. Damit sind immer sowohl die Sonnen- als auch die Schattenseiten meines Lebens verbunden. Eine Zusammenarbeit zwischen mir und meinen Auftraggebern war meist dann sowohl erfolgreich, lebendig als auch sinnhaft, wenn ich in meiner Wahrheit sein konnte.

Somit ist alles, was Sie über Verkauf und Vertrieb von den sogenannten Experten gehört und gelesen haben, insbesondere das Erfordernis von Informationszurückhaltung und Manipulation, sinnlos. Nur mit Aufrichtigkeit und Wertschätzung gegenüber den Bedürfnissen des Auftrag- und Arbeitgebers können wir sicher sein, dass es im besten Fall zu einem Job kommt, der für beide Seiten Glück verspricht. Dann ist es auch kein Unglück mehr, wenn eine Akquisition oder ein Vorstellungsgespräch zu keinem Vertrag führt. Sie erleben zwar weiterhin Enttäuschungen. Sie fühlen sich jedoch nicht mehr abgestraft, wenn ein Arbeitgeber die Stelle einem anderen Bewerber anbietet. Stattdessen kann es sein, und so hat es ein Teilnehmer einmal erlebt, dass Sie gerade wegen Ihrer Authentizität zu einem späteren Zeitpunkt angerufen werden und eine noch geeignetere Offerte erhalten.

2. Impuls: Werben/bewerben Sie nachhaltig oder gar nicht!

Wir wissen aus den Statistiken, dass es nur einem geringen Prozentsatz von neuen Selbstständigen nach dem Start gelingt, mit der eigenen Geschäftsidee auf dem Markt Fuß zu fassen. Die Zahlen sind ernüchternd, und Sie machen es mir manchmal nicht leicht, Menschen zu einem Neustart in die Selbstständigkeit zu ermutigen. Was also ermutigt mich, meiner Berufung im beruflichen Sinne treu zu bleiben? Gibt es denn einen entscheidenden Trick aus den Werkzeugkästen der Werbewelt? Bevor wir auf den Pfad der Ermutigung zurückkehren, möchte ich einen weiteren "Bitterstoff" hinzufügen: Die schon sehr bescheidenen Erfolgsstatistiken der Gründer sind weit besser als die Wirklichkeit. Denn in die Statistiken gehen genügend Daten aus Berufs- und Geschäftsbildern ein, in denen ein derartiger Mangel an Fachkräften herrscht, dass selbst die Untalentiertesten nicht an Werbung denken müssen. Denken Sie darüber nach, wenn Sie wieder einmal in einer der vielen überfüllten Arztpraxen sitzen und sich über den deformierten Gesundheitsmarkt ärgern.

Warum gibt es dann noch Berater, die das Streben nach Freiheit im Beruf fördern? Bei aller Wertschätzung gegenüber Menschen, die eher zu einer Festanstellung tendieren: Wir brauchen die hartnäckigen Pioniere mit dem richtigen Riecher, die ihre Freiheit für Innovationen nutzen. Ich erinnere mich an zwei Teilnehmer, die ich im Anschluss an das Seminar über viele Monate in der Umsetzung begleiten durfte. Zum einen unterstützte ich einen Kunden in den mittleren Jahren, der mit Enthusiasmus und Mut seine vier Schritte zur Berufung erkannte und alles für die Umsetzung seiner Berufung tat. Doch bereits nach einem Jahr waren seine finanziellen und persönlichen Ressourcen verbraucht, so dass er erschöpft den Glauben an seine Berufung verlor. Fast zeitgleich startete eine Kundin, die zu Beginn zurückhaltend und etwas zaghaft handelte. Obwohl die Kundin nach einem Jahr auf dem Markt noch nicht etabliert war und sie deshalb in ihrem alten Beruf in Teilzeit aushelfen musste, blieb sie ihrer Berufung treu. Beide Personen gründeten zwar nicht in der gleichen Zielregion und Thematik. In beiden Gründungsfällen gestalteten sich jedoch die sachlichen Faktoren vergleichsweise schwierig. Selbst die Herausforderungen an die Persönlichkeiten waren ähnlich und erforderten Unterstützung durch verschiedene Dienstleister. Obwohl bekanntlich im Vergleich der Teufel liegt, unterstreicht das Beispiel den entscheidenden "Dranbleib-Faktor". [13] Mein von seiner Berufung euphorisierter Kunde ließ sich durch mich nicht bremsen und fackelte während des ersten Jahres alles ab, was ihm die klassische und moderne Vertriebslehre nahelegte. Er war in verschiedenen Netzwerken aktiv, nutzte mehrere Vertriebskanäle und lernte viel für die anstrengende Öffentlichkeits- und Pressearbeit dazu. Der umtriebige und temperamentvolle Einzelkämpfer war in Projekten unterwegs und verausgabte sich wie zuvor in seinem ungeliebten Beruf. Weil er in den meisten seiner von ihm angestoßenen Projekte aber nicht bei der Stange bleiben konnte, sorgte er in keinem Kanal für einen wachsenden Bekanntheitsgrad. Die zurückhaltende Gründerin hingegen schaffte es mit weniger Zeitaufwand, sich ein persönliches und nährendes Netzwerk zu erarbeiten. Sie fokussierte ihre Kraft auf lediglich zwei Vertriebskanäle, die allerdings gut zu ihrer Motivationsstruktur passten. Dadurch fiel es ihr mit der Zeit leicht, die Aktivitäten im Marketing nachhaltig und konzentriert zu betreiben. Obwohl sie einige Vertriebskanäle komplett vernachlässigte, erfreute sie sich nach einem Jahr kleiner Fortschritte einer wachsenden Bekanntheit. Sie blieb ihrer Berufung treu und verzeichnete weiterhin einen wachsenden Umsatz. Weniger ist also mehr, insbesondere dann, wenn Sie das Wenige nachhaltig und intensiv betreiben!

3. Impuls: Konzentrieren Sie sich auf Multiplikatoren!

Soziales Netzwerken im Internet ist in! Gewiss ist der große Hype, bedingt durch die Plattformen von Facebook, Twitter & Co., schon vorbei. Und doch erwarten wir von den sozialen Medien weiterhin viel. Die kommerziellen Netzwerkexperten geben keine Ruhe mit ihren Botschaften: Die Arbeit mit den Kontaktportalen gilt als eine neue Königsdisziplin im Marketing, so berichten die meisten meiner Vertriebskollegen. Wer also als Profi überleben will, kommt um die Präsenz auf den virtuellen Märkten und das dazugehörige Beziehungsmanagement nicht herum. Aber wer zählt die Stunden, die das an Zeiteinsatz kostet? Und wie lohnend ist der Einsatz tatsächlich, wenn man selbst die Berufung nicht in einem Internetberuf gefunden hat? Wie viele Menschen bekommen wirklich einen neuen Job oder Kunden über das Internet? Steht der Zeitaufwand in einem sinnvollen Verhältnis zu den Chancen, die eigene Berufung zu einem lukrativen Beruf zu machen?

Sie können tatsächlich mit Hilfe sozialer Netzwerke Ihre Berufung sinnvoll vermarkten. Ich behaupte, dass es Ihnen gelingen wird, wenn einige Ihrer gewonnenen Kontakte zu sinnvollen Multiplikatoren werden. So erinnerte sich Carsten in der Outplacement-Beratung an sein funktionierendes Netzwerk im Studium. Er war damals in einer Studentenverbindung und bekam schon während seines Studiums interessante Tipps für die Bewerbungsaktivitäten nach dem Studium. In den letzten Jahren hatte er aus dieser Zeit keine Kontakte mehr gepflegt, und wir recherchierten deshalb im Business-Netzwerk XING nach alten Kontakten aus der Zeit in der Studentenverbindung. Er konnte einen relevanten Kontakt ermitteln, mit dem er ein wichtiges vorbereitendes Gespräch für seine Bewerbungsaktivitäten führen konnte. Da der Kontakt und ehemalige Verbindungsstudent in einem privaten Bildungsunternehmen unterrichtete, konnte er Carsten wertvolle Tipps zur Vorbereitung geben. Als sich Carsten auf eine Stelle als Geschäftsführer bei einem Bildungsunternehmen bewarb, hatte er alle relevanten Informationen, um sich im Gespräch sehr zielgruppenorientiert zu präsentieren.

Multiplikatoren sind Netzwerkpartner, die Ihnen den entscheidenden Vorteil verschaffen können. Auch für die Selbstständigen unter uns gibt es hier genügend Möglichkeiten. Das Business-Netzwerk BNI ist ein Beispiel für diesen in der Praxis bewährten Ansatz. Weltweit richtet BNI in größeren Städten wöchentlich Unternehmertreffen aus. Dabei konzentriert sich das Netzwerk auf motivierte und einflussreiche Selbstständige, die sich zur Kooperation und zu Empfehlungsmarketing verpflichten wollen. Erklärtes sowie oberstes Ziel ist es, den anderen mit seiner Berufung und seinem Zielkunden zu verstehen und gezielt zu unterstützen. Durch das wiederholte Zusammentreffen entsteht ein verbindliches Netzwerk mit der Chance, aus dem Kreis der Netzwerker den passenden Multiplikator zu finden. Multiplikatoren sind die Netzwerker, die mit dem Zielkunden häufig Kontakt haben. Multiplikatoren haben mit Ihnen einen unmittelbaren Kontakt und wurden durch Sie und Ihre Berufung inspiriert. Dadurch werden sie zu Ihrem Türöffner, und sie sind bereit, für Sie eine wichtige Vertriebsunterstützung zu werden.

4. Impuls: Bleiben Sie Ihrer Berufung treu!

Treue ist weit mehr als Selbstdisziplin. Treue ist das Festhalten an dem einen zentralen Punkt. Daneben wird es immer Zeiten der Veränderung geben. Ihr zentraler Punkt jedoch, Ihr unverwechselbarer Kern, wird bleiben und Ihnen eine neue Sicherheit schenken. Dieser Punkt ist Ihre ganz persönliche Mitte, und Sie haben ihn mit Hilfe des WLS-Sinn-Kompasses erkannt. Hier erfreut sich Ihre Seele an der unveränderlichen Identität, die sich in Ihrem beruflichen Tun ausdrücken möchte. Dieser Freude über den einen zentralen Punkt in Ihnen, dem Sie treu bleiben wollen, können Sie mit einem Bild Kraft verleihen. Die Expertin für Persönlichkeitsentwicklung, Regina Herhoff, arbeitet seit vielen Jahren mit dem Aura-Soma®-Farbsystem: “Ein sehr effektives Mittel zur Stärkung Ihrer Potenziale, Einzigartigkeit und Ihres Alleinstellungsmerkmals sind die Farben. Es sind Ihre Farben, die durch den Sinn Ihrer Geburtszahlen und Ihres Namens ermittelt werden können. Deshalb ermutige ich den Gründer und Selbstständige schon vor dem Marketingprojekt, das Corporate Design und das Logo mit den Farben zu entwickeln, die dem tieferen Sinn entsprechen.”

Ihre Berufung kann also gleich zu Beginn durch ein farbiges Symbol der Treue Unterstützung erfahren. Immer wenn Sie es sehen, werden Sie fortan die Freude spüren, die Ihnen festen Halt schenkt.

Sie haben mit diesem Arbeitsbuch und meinen Impulsen Ihre einzigartige Berufung erkannt und mit Hilfe der magnetischen Konzeptarbeit den Grundstein für Ihre berufliche Neuorientierung gelegt. Ich wünsche Ihnen von Herzen, dass Sie fortan Ihrer geschenkten Identität treu bleiben.

Platz für Ihre Notizen

Veranstaltungen mit Guido Ernst Hannig

Workshop WLS-Sinn-Kompass

Der Workshop bildet die wichtigste Grundlage für die Beratung von Guido Ernst Hannig. Der WLS-Sinn-Kompass ist der Ausgangspunkt für die Begleitung in der beruflichen Veränderung. In diesem Workshop können Berufstätige und Unternehmer ihre Berufung entdecken beziehungsweise verstärken. Er bietet die beste Gelegenheit, die Arbeit von Guido Ernst Hannig kennenzulernen.

Der Workshop findet mehrmals im Monat als Einzelworkshop statt. Weiterhin gibt es mehrmals im Jahr die Möglichkeit, den Workshop als Extra-Kleingruppen-Workshop oder in Form von Visionstagen in Seminarhäusern zu buchen.

WLS-Gründer- und Unternehmerberatung

Für Freiberufler und Unternehmer, sowohl vor und nach dem Start in die Selbstständigkeit, kann der WLS-Sinn-Kompass als Ausgangspunkt für ein Veränderungskonzept genutzt werden. Das gemeinsam erarbeitete Konzept wird zur Basis für eine erfolgreiche Werbestrategie. Guido Ernst Hannig hat mit dem RKW Hessen e. V. eine Kooperationsvereinbarung geschlossen. Dadurch können die Beratungsnehmer einen Antrag auf öffentliche Bezuschussung der Beratung stellen. Diese Möglichkeit besteht bundesweit.

WLS-Outplacement

Ein Outplacement ist besonders in einer beruflichen Umbruchsituation geeignet. In der Regel vom Arbeitgeber finanziert, erarbeitet Guido Ernst Hannig mit der Fach- und Führungskraft ein neues Ziel und schafft die Voraussetzungen für eine erfolgreiche Bewerbungsstrategie.

Work-Life-Sense-Network

Guido Ernst Hannig ist Gründer der aktiven Netzwerkgruppe in XING. In mehreren Großstädten veranstaltet das Netzwerk Net-Walkings und Treffen für Berufstätige, die vor einer Veränderung stehen. Hier finden Selbstständige wie Angestellte neue Kontakte und Tipps in der Phase der beruflichen Neuorientierung.

Zu allen Workshops, Beratungen und zu den Publikationen von Guido Ernst Hannig finden Sie weitere Informationen auf seiner Homepage unter

www.berufungs-sog.de

Wenn Sie unverbindlich weitere Informationen wünschen, fordern Sie diese an unter *info@berufungs-sog.de*

Literaturverzeichnis

Richard Nelson Bolles: Durchstarten zum Traumjob. Das ultimative Handbuch für Ein-, Um- und Aufsteiger, Frankfurt 2009

Marcus Buckingham, Donald O. Clifton: Entdecken Sie Ihre Stärken jetzt! Das Gallup-Prinzip für individuelle Entwicklung und erfolgreiche Führung, Frankfurt 2002

Rhonda Byrne: The Secret - das Geheimnis, München 2007

Dale Carnegie: Sorge dich nicht - lebe! Frankfurt 1980

Stephen R. Covey: Die sieben Wege zur Effektivität. Ein Konzept zur Meisterung Ihres beruflichen und privaten Lebens, München 2002

Joe Dispenza: Ein neues Ich. Wie Sie Ihre gewohnte Persönlichkeit in vier Wochen wandeln können, Burgrain 2012

Andreas Ebert, Richard Rohr: Das Enneagramm. Die 9 Gesichter der Seele, München 1989

Günter Faltin: Kopf schlägt Kapital. Die ganz andere Art, ein Unternehmen zu gründen. Von der Lust, ein Entrepreneur zu sein, München 2008

Angelika Gulder: Finde den Job, der dich glücklich macht! Von der Berufung zum Beruf, Frankfurt 2004

Charles F. Haanel: The Master Key System. 24 Schritte, um das Leben zu meistern, München 2009

Guido Ernst Hannig: Lebe deine wirkliche Berufung. Der spirituelle Weg, Güllesheim 2010

Gene C. Hayden: Bleib dran, wen dir was wichtig ist. Die Kunst, Zweifel zu überwinden und Ziele konsequent zu verfolgen, München 2009

Harry R. Moody: Sinnkrisen in der Mitte des Lebens. Spiritualität und Erfüllung - ein Prozess in fünf Schritten, München 2007

Tom Nadig, Brigitte Reemts Flum: Entlassung - Entlastung? Outplacement als Brücke zwischen Entscheidern und Betroffenen, Zürich 2008

Steven Reiss: Das Reiss-Profile. Die 16 Lebensmotive. Welche Werte und Bedürfnisse unserem Verhalten zugrunde liegen, Offenbach 2009

Richard Rohr: Das wahre Selbst. Werden, wer wir wirklich sind, Freiburg 2013

Richard Rohr: Reifes Leben. Eine spirituelle Reise, Freiburg 2012

Martin Sage: Lebe deinen Traum. Das Erfolgsgeheimnis von: "What to do with the rest of your life", München 2004

Reinhard K. Sprenger: Die Entscheidung liegt bei dir! Wege aus der alltäglichen Unzufriedenheit, Frankfurt 1998

David Steindl-Rast: Credo. Ein Glaube, der alle verbindet, Freiburg 2010

Neale Donald Walsch: Gespräche mit Gott. Ein ungewöhnlicher Dialog, München 1997

Anmerkungen

1. Vgl. Reinhard K. Sprenger: Die Entscheidung liegt bei dir! Wege aus der alltäglichen Unzufriedenheit, Campus 1998, S. 107

2. Vgl. Steven Reiss: Das Reiss-Profile. Die 16 Lebensmotive, Gabal 2010, S. 41

3. Vgl. Guido Ernst Hannig: Lebe deine wirkliche Berufung. Der spirituelle Weg, Silberschnur 2010, S. 29

4. Vgl. Dale Carnegie: Sorge dich nicht - lebe, Scherz, S. 174 ff.

5. David Steindl-Rast: Credo. Ein Glaube, der alle verbindet, Herder 2011, S. 113

6. Vgl. Rhonda Byrne: The Secret - das Geheimnis, Arkana 2007, S. 206 ff.

7. Vgl. Marcus Buckingham, Donald O. Clifton: Entdecken Sie Ihre Stärken jetzt! Dass Gallup-Prinzip für individuelle Entwicklung und erfolgreiche Führung, Campus 2002, S. 63

8. Martin Sage: Lebe deinen Traum, Knaur, Seite 163–164

9. Vgl. Charles F. Haanel: The Master Key System. 24 Schritte, um das Leben zu meistern, Knaur Mens Sana 2009, S. 65

10. Vgl. Guido Ernst Hannig: Lebe deine wirkliche Berufung, Silberschnur 2010, S. 116

11. Ebenda, S. 119

12. David Steindl-Rast: Credo. Ein Glaube, der alle verbindet, Herder 2011, Seite 29

13. Vgl. Gene C. Hayden: Bleib dran, wenn dir was wichtig ist. Die Kunst, Zweifel zu überwinden und Ziele konsequent zu verfolgen, DTV 2009

Über den Autor

Guido Ernst Hannig ist Experte für die berufliche Veränderung. In seiner Arbeit mit Menschen steht die Berufungsfrage im Mittelpunkt. Seine Methode "WLS-Sinn-Kompass" bringt das persönliche und fachliche Potenzial zum Vorschein. Sowohl Fach- und Führungskräfte wie auch Selbstständige entwickeln mithilfe von Tools eigene Lösungen und Strategien. Sie leben ihre Berufung, die sowohl erfolgreich als auch glücklich macht.

Sein erstes Buch "Lebe deine wirkliche Berufung" und zahlreiche Presseartikel haben mittlerweile Tausende von berufstätigen Menschen ermutigt, das zu tun, was wirklich in ihnen steckt. Dabei geht es mit dem wachsenden Erkenntnisgewinn immer auch darum, Konzepte und Maßnahmen für die Umsetzung zu entwickeln.

In seinen Workshops, Outplacement- und Existenzgründungsberatungen versteht er es, Menschen für ihre persönliche Einzigartigkeit zu begeistern. Als beratender Betriebswirt und Vertragspartner vom RKW Hessen weiß er, persönliche und fachliche Komponenten miteinander zu verknüpfen. Durch sein eigenes Berufsnetzwerk Work-Life-Sense und die Zusammenarbeit mit Fachexperten finden Berufstätige auch ganz praktische Wege in den neuen Job.

Unter *www.ganzheitliches-outplacement.de* finden Sie ein Video mit einem Beispielfall zur Methodik.

Kontakt

Dipl.-Betriebswirt Guido Ernst Hannig

Beratung für Berufung, Placement und Gründung

www.berufungs-sog.de

192 Seiten, broschiert
ISBN 978-3-89845-294-6
€ [D] 12,90

Guido Ernst Hannig

Lebe deine wirkliche Berufung

Der spirituelle Weg

Spirituelles Berufscoaching ist der Schlüssel, um zur wahren Berufung zu finden. Doch zu einem erfüllenden Arbeitsleben gehört neben der Entdeckung auch die Umsetzung der Berufung. Dieser spirituelle Berufscoach beantwortet Ihre Fragen dazu und illustriert anhand von realen Coachingfällen, wie Sie lernen, Ihre beruflichen Wünsche zu entdecken. Und schon bald erreichen Sie Ihr Ziel: die Verwirklichung Ihrer Träume, ein erfüllender Beruf und ein erfüllteres Leben.

160 Seiten, broschiert
ISBN 978-3-89845-322-6
€ [D] 12,90

Teymur Schafi-Neya

Was dich wirklich weiterbringt

Neue Wege für ein sinnhaftes Leben

Im Alter von 34 Jahren veränderte die Nahtoderfahrung des Autors sein ganzes Leben, und plötzlich schien alles, was sein Leben ausgemacht hatte, nicht mehr wichtig zu sein. Was nun zählte, war die Suche nach den Antworten auf die essenziellen Fragen des Lebens: Warum bin ich hier, wer bin ich und was ist der Sinn des Lebens? Teymur Schafi-Neya führt uns zu tiefgründigen Einsichten, die es uns ermöglichen, über unsere begrenzte Sicht hinauszuwachsen, um kraftvoll zu agieren, ohne sich körperlich und geistig zu verbrauchen ...

160 Seiten, broschiert
ISBN 978-3-89845-054-6
€ [D] 9,90

Franziska Krattinger

Erfolgsrezepte

Greife nach den Sternen, wenn du wachsen willst!

Menschen leben in ihren Gewohnheiten, und sie wiederholen sich ständig. Um seine Gewohnheiten, die allein aus fixiertem Denken entstehen, zu ändern, muss der Mensch zuerst auf andere Gedanken kommen. Denn andere Gedanken bringen neue Vorstellungen, und neue Vorstellungen bringen neue Lebenssituationen. Die richtige Einstellung macht jeden Menschen zum Gewinner! Franziska Krattinger hilft den Menschen, auf andere Gedanken zu kommen und so ihr Leben mit wahrer Freude, tiefer Liebe und verstärktem Bewusstsein dauerhaft zu verändern, um sich so den Weg durch den Alltag zu erleichtern.

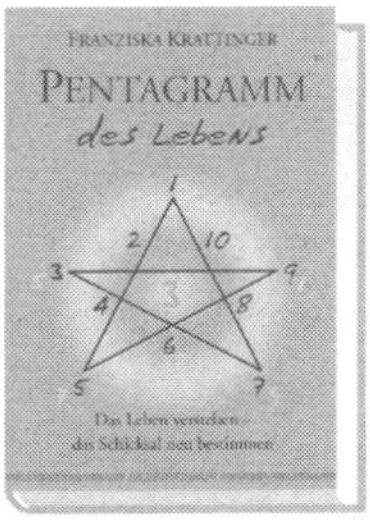

528 Seiten, gebunden
ISBN 978-3-89845-075-1
€ [D] 29,90

Franziska Krattinger

Pentagramm des Lebens

Das Leben verstehen – das Schicksal neu bestimmen

Die Pentagramm-Analyse nach F. Krattinger ist eine gänzlich neue Methode, um unsere wesentlichen Verhaltensweisen und deren Folgen für uns zu erkennen, die völlig ohne komplexe astrologische oder numerologische Berechnungen auskommt. Vielmehr handelt es sich hierbei um ein revolutionäres, auf dem Pentagramm basierendes Konzept, das dem Leser alles an die Hand gibt, was er wissen muss, um sein unbewusstes Programm umzuschreiben, die »schicksalhafte Fügung« aufzuknacken. Denn indem die Schattenwelt im Inneren durchdrungen wird, nehmen wir unser Schicksal endlich selbst in die Hand ...

184 Seiten,
2 fbg., broschiert
ISBN 978-3-89845-355-4
€ [D] 14,90

Dr. phil. Georg Rupp

Befreiung aus dem Hin & Her des Lebens

Lass dein Herz entscheiden

Der Psychologe Dr. Georg Rupp lädt Sie ein, sich auf das Wesentliche zu besinnen, auf das, was wirklich wichtig ist. In unserer Überflussgesellschaft hindern uns die endlosen Wahlmöglichkeiten oft daran, die richtigen Entscheidungen zu treffen. Dieser Ratgeber der besonderen Art zeigt, wie Sie das ewige gedankliche Hin und Her abschalten und auf Ihr Herz hören können, wo die Antworten leicht zu finden sind. Der Autor erklärt, wie Sie in sechs einfachen Schritten zur richtigen Entscheidung gelangen. Das gilt für Beruf, Karriere, Familie und Liebe, für das ganze Leben.

208 Seiten, broschiert
ISBN 978-3-89845-205-2
€ [D] 14,90

Bijan Anjomi

Mühelos reich!

Alles ist möglich

Mit 30 einfachen Lektionen führt Bijan den Leser Schritt für Schritt zu vollkommener Gesundheit, Lebensfreude und unbegrenztem Wohlstand. Im Vertrauen auf unsere höhere Führung werden sich uns Tag für Tag mehr Wunder in unserem Leben erschließen. Wir lernen, unser Ego und seine Verblendungen abzulegen, ganz im Hier und Jetzt zu leben und das Leben in seiner wahren Schönheit zu genießen. Indem wir unser Herz öffnen, uns mit all unseren Sinnen völlig dem Augenblick hingeben und nach Frieden, Licht und Liebe streben, eröffnet sich uns unser wirklicher innerer Reichtum – und das Füllhorn des Universums wird sich über uns ergießen.

120 Seiten,
2-fbg., broschiert
ISBN 978-3-89845-452-0
€ [D] 12,95

Silke Gramer-Rottler

Was uns alle trägt

Die Kraft des Urvertrauens in einer reizüberfluteten Welt

Der Weg zur Leichtigkeit des Seins!
Wir leben in einer schnelllebigen Welt, in der Hektik, Ignoranz und Ängste unseren Alltag bestimmen.
Silke Gramer-Rottler zeigt uns, wie wir zurückfinden können zur berühmten Leichtigkeit des Seins. Sie erklärt uns, wie wir in unserem Leben wieder Raum schaffen können für die wesentlichen Dinge und wie dadurch die ganzen Unsicherheiten des Alltags verschwinden. Dieses inspirierende Buch fordert uns alle auf, innezuhalten in unserer schnelllebigen, reizüberfluteten Welt und uns auf den Weg zu machen, unseren Ängsten zu begegnen, um zu erfahren, dass das Leben uns trägt.

192 Seiten, broschiert
ISBN 978-3-89845-393-6
€ [D] 14,95

Gabriele~Saskia Drungowski

Das Beste für dich

Der Weg vom Unbewussten zum Bewussten

Öffnen Sie die Tür zu Ihren innersten Räumen, in denen Sie Erstaunliches über sich selbst und Ihre Beziehungen erfahren. Dieses Wissen hilft Ihnen, sich selbst wahrhaft zu erkennen und zu verstehen, dass Sie verantwortlich für Ihr Leben sind. Mit diesem Verständnis können Sie nicht nur Ihr eigenes Leben in die Hand nehmen, sondern auch die Welt verändern. Die praktischen Anleitungen, Übungen und Meditationen in diesem Buch unterstützen Sie zu begreifen, wer Sie eigentlich sind. Dank dieses Wissens stehen Sie am Anfang einer ungeahnt tiefen Bewusstheit, die alles umfasst, was Sie für Ihr Leben und Ihren eigenen Weg benötigen.

208 Seiten, broschiert
ISBN 978-3-89845-331-8
€ [D] 12,90

Beate Bock

Un-Mögliches möglich machen

Ein Übungsbuch

Der Erfolgstitel zur positiven Veränderung!
Die erfahrene Seminarleiterin Beate Bock legt hier ein Übungsbuch vor, das sie – zusammen mit ihren geistigen Freunden – aus der Praxis heraus für das alltägliche Leben entwickelt hat: eine Sammlung von 23 äußerst effektiven Übungen, um Schritt für Schritt mehr Liebe, Zufriedenheit und Erfolg im Leben zu erfahren.
Ein Übungsbuch für jeden, der seinem Leben eine neue Richtung geben will!

168 Seiten, Klappenbr.
ISBN 978-3-89845-152-9
€ [D] 10,90

Franziska Krattinger

Ein Wort genügt!

... sich einfach umprogrammieren

Schalten Sie einfach um! – Manchmal genügt ein einziges Wort, um verborgene Haltungen ans Licht zu bringen oder Einstellungen zu ändern. Dabei gibt es spezielle Worte, die gleichsam eine magische Wirkung haben, da sie die Schlüssel zu unserem Unterbewusstsein sind: Schaltworte. Schalten Sie einfach um! – und beobachten Sie die Veränderungen in Ihrem täglichen Leben, ohne dass Sie bewusst daran denken oder eine Vorstellung der Lösung haben müssen. Nutzen Sie die Kraft, eine Situation augenblicklich im besten und idealen Sinn zu verändern.

208 Seiten, broschiert
ISBN 978-3-89845-347-9
€ [D] 6,95

Kurt Tepperwein

Das Anti-Ärger-Programm

Sicher geht es Ihnen wie den meisten Menschen: Sie ärgern sich – manchmal mehr, manchmal weniger, aber immerhin: Sie ärgern sich ... ob über Ihren Nachbarn oder über Ihren Arbeitsplatz. Ärger ist für manche schon zu einem Teil ihres Lebens geworden und bringt sie regelmäßig aus dem Gleichgewicht.
Dieses Buch geht daher bewusst tiefer und beleuchtet Ihre Gedanken und Einstellungen und führt Sie über die geistigen Gesetze zu den Fragen nach dem Sinn des Lebens. Die Selbstanalyse hilft Ihnen, sich selbst und Ihre Ziele besser kennenzulernen, und in praktischen Übungen lernen Sie, wie Sie diese auch erreichen. Dann heißt es: Schluss mit dem Ärger – und Sie können endlich ja sagen zu einem erfüllten und bewussten Leben.

128 Seiten, broschiert
ISBN 978-3-89845-329-5
€ [D] 6,95

Ryuho Okawa

Danke, mir geht es bestens!

Herausforderungen gelassen meistern

Wie gehen Sie mit Herausforderungen in Ihrem Leben um? Begegnen Sie schwierigen Situationen gelassen, oder stellen Probleme unüberwindbare Hürden für Sie dar?
Dieses Buch ist ein modernes Trainingsprogramm und zeigt Ihnen, wie Sie in schwierigen Situationen den Überblick und stets eine positive Grundhaltung zum Leben behalten. Universelle Formeln im Buch helfen Ihnen dabei, Ihren einzigartigen Charakter zum Leuchten zu bringen, fröhlich zu sein und sich einen freien Geist zu bewahren. Dieser wertvolle Begleiter ist eine wahre Schatztruhe für ein Leben in Harmonie.